Anne Wilson

Festliche Kuchen & Torten

h.f.ullmann

Klassische Biskuittorte

Vorbereitungszeit:
20 Min.
Backzeit:
20 Min.

Ergibt eine Schichttorte von 20 cm Durchmesser

250 g Mehl
2 TL Backpulver
4 Eier, getrennt
150 g Zucker
½ Becher Erdbeermarmelade
125 ml geschlagene Schlagsahne

1. Backofen auf 180 °C vorheizen. 2 Springformen (20 cm Durchmesser) mit Butter oder Öl einfetten und die Böden mit Backpapier auslegen. Das Mehl dreimal auf ein fettfreies Blatt Papier sieben. Eiweiß in eine große saubere, trockene Schüssel geben und mit dem Mixer steifschlagen. Zucker unter Rühren nach und nach zufügen, bis der Zucker sich aufgelöst hat und die Masse dick und glänzend ist.
2. Eigelb hinzufügen und weitere 20 Sek. schlagen. Mehl hinzugeben und mit einem Metallöffel schnell und locker unterheben.
3. Den Teig gleichmäßig auf die beiden Formen verteilen. 20 Min. backen, bis der Teig goldbraun und bei leichtem Fingerdruck elastisch ist. Die Kuchen 5 Min. in der Form stehenlassen, bevor sie zum Abkühlen auf ein Kuchengitter gestürzt werden.
4. Den einen Kuchen gleichmäßig mit Marmelade bestreichen und mit dem Spritzbeutel Schlagsahnehäubchen auf die Marmelade setzen. Den anderen Kuchen aufsetzen und vor dem Servieren mit Puderzucker bestreuen.

Lagerzeit: Ungefüllte Biskuittorten lassen sich bis zu einem Monat einfrieren. In getrennten Tiefkühlbeuteln aufbewahren. Bei Raumtemperatur (ca. 20 Min.) auftauen. Gefüllte Biskuittorten am besten sofort servieren.

Tip: Das Geheimnis einer perfekten Biskuittorte liegt in der Methode, wie das Mehl untergehoben wird. Dafür nimmt man einen großen Metallöffel und hebt es schnell und gleichzeitig locker unter. Wird die Masse geschlagen oder das Mehl mit einem Holzlöffel untergehoben, verliert der Eischnee an Volumen und die Torte wird flach und fest.

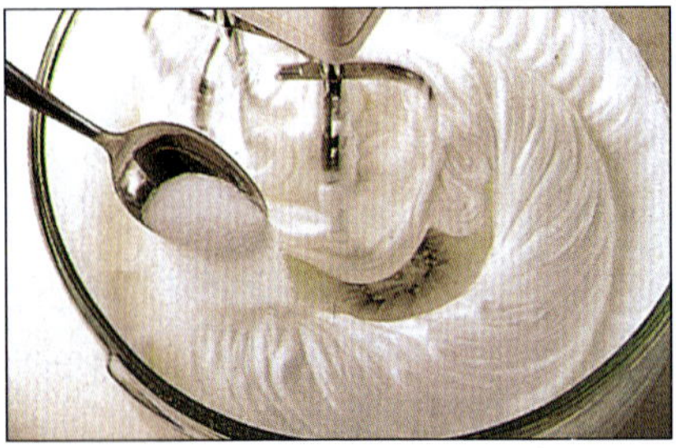

Zucker unter Rühren nach und nach zum Eischnee geben.

Mehl und Stärke mit einem Metallöffel schnell und locker unterheben.

Den Kuchen backen, bis er goldbraun und bei leichtem Fingerdruck elastisch ist.

Mit dem Spritzbeutel Sahnehäubchen auf die Marmelade setzen.

Zimtteekuchen

Vorbereitungszeit:
20 Min.
Backzeit:
30 Min.

Ergibt eine Torte von 20 cm Durchmesser

60 g Butter
110 g Zucker
1 verrührtes Ei
1 TL Vanille-Extrakt
125 g Mehl
1/2 TL Backpulver
125 ml Milch

Zucker-und-Zimt-Glasur
20 g geschmolzene Butter
1 EL Zucker
1 TL Zimt

1. Backofen auf 180 °C vorheizen. Eine Springform (20 cm Durchmesser) mit Butter oder Öl einfetten. Den Boden mit Backpapier auslegen. Butter und Zucker in einer Schüssel mit dem Mixer cremig schlagen. Ei nach und nach zufügen und jedesmal gründlich verschlagen. Vanille-Extrakt zugeben und verrühren.
2. Den Teig in eine große Schüssel geben. Das gesiebte Mehl und Backpulver abwechselnd mit der Milch zufügen und mit einem Metallöffel unterheben. Rühren, bis die Masse glatt ist. Den Teig in die vorbereitete Form geben und glattstreichen. 30 Min. oder solange backen, bis an einem Spieß, den man in der Mitte des Kuchens einsticht, keine Teigspuren mehr vorhanden sind. 5 Min. in der Form stehenlassen, bevor der Kuchen zum Abkühlen auf ein Kuchengitter gestürzt wird.
3. Während der Kuchen noch warm ist, mit geschmolzener Butter bestreichen und mit der Zucker- und Zimtmischung bestreuen.

Möhrenkuchen

Vorbereitungszeit:
30 Min.
Backzeit:
1 Std.

Ergibt einen viereckigen Kuchen von 20 cm Seitenlänge

2 Becher geraspelte Möhren
90 g Sultaninen
80 g gehackte Walnüsse
220 g Zucker
3 verrührte Eier
190 ml Pflanzenöl
250 g Mehl
1 TL Backpulver
1 Tl Natron
2 TL Gewürzmischung
2 TL gemahlener Ingwer
1 TL gemahlener Zimt

Glasur
185 g Frischkäse
60 g Puderzucker

1. Backofen auf 180 °C vorheizen. Eine viereckige Backform (20 cm) mit Butter oder Öl einfetten. Den Boden mit Backpapier auslegen. Möhren, Sultaninen, Walnüsse und Zucker in eine große Schüssel geben. Die verrührten Eier und Öl zufügen.
2. Gesiebtes Mehl, Backpulver und Gewürze zugeben und mit einem Holzlöffel verrühren.
3. Den Teig in die vorbereitete Form geben und glattstreichen. 1 Std. oder solange backen, bis an einem Spieß, den man in der Mitte des Kuchens einsticht, keine Teigspuren mehr

Zimtteekuchen (oben) und Möhrenkuchen

vorhanden sind. 10 Min. in der Form stehenlassen, bevor der Kuchen zum Abkühlen auf ein Kuchengitter gestürzt wird.
4. **Für die Glasur:** Frischkäse und Puderzucker in einer Schüssel mit dem Mixer locker und cremig schlagen. Auf den abgekühlten Kuchen streichen und nach Wunsch mit Gewürzmischung oder Muskat bestreuen.
Variante: Einen Teelöffel abgeriebene Zitronenschale zur Glasur hinzufügen.

Schokoladenkuchen

Vorbereitungszeit:
20 Min.
Backzeit:
1 Std.

Ergibt einen Kastenkuchen

185 g Butter
170 g Zucker
2 verrührte Eier
220 g Mehl
1 TL Backpulver
1 TL Natron
65 g Kakao
125 ml Milch

Glasur
30 g geschmolzene Butter
2 EL heißes Wasser
2 EL Kakao
185 g Puderzucker

1. Backofen auf 180 °C vorheizen. Eine Kastenform (21 x 14 x 7 cm) mit Butter oder Öl einfetten. Den Boden und die Seiten mit Backpapier auslegen. Butter und Zucker in einer Schüssel mit dem Mixer locker und cremig schlagen. Eier nach und nach zufügen und jedesmal gründlich verschlagen.
2. Die Masse in eine große Schüssel geben. Das gesiebte Mehl, Backpulver, Natron und Kakao abwechselnd mit der Milch mit einem Metallöffel unterheben und rühren, bis der Teig glatt ist. Den Teig in die vorbereitete Form geben und glattstreichen.
3. Ca. 1 Std. backen, bis an einem Spieß, den man in der Mitte des Kuchens einsticht, keine Teigspuren mehr vorhanden sind. 5 Min. in der Form stehenlassen, bevor der Kuchen zum Abkühlen auf ein Kuchengitter gestürzt wird.
4. **Für die Glasur:** Geschmolzene Butter, Wasser und Kakao in einer mittleren Schüssel verrühren, bis die Masse glatt ist. Gesiebten Puderzucker zufügen und rühren, bis die Zutaten vermengt sind und die Masse glatt ist. Die Glasur auf den abgekühlten Kuchen streichen und mit Puderzucker bestreuen.

Lagerzeit: Der Schokoladenkuchen läßt sich ohne Glasur und in einem Gefrierbeutel verschlossen bis zu einem Monat einfrieren.

Variante: Soll der Kuchen noch mehr nach Schokolade schmecken, kann man für die Glasur anstelle von heißem Wasser und Kakao 50 g Zartbitterschokolade verwenden. Dafür gibt man die Schokolade und die Butter in eine hitzebeständige Schüssel und rührt die Zutaten im heißen Wasserbad um, bis die Schokolade geschmolzen ist. Diese Schokoladenmasse wird zum Puderzucker gegeben und gerührt, bis die Masse glatt ist. Die Glasur auf den abgekühlten Kuchen streichen und nach Wunsch mit Schokoladenflocken verzieren.

Den Boden und die Seiten der gefetteten Backform mit Backpapier auslegen.

Die gesiebten trockenen Zutaten mit einem Metallöffel unterheben.

Mit einem Spieß prüfen, ob der Kuchen durchgebacken ist.

Die Glasur umrühren, bis alle Zutaten vermengt sind und die Masse glatt ist.

Kirschkuchen

Zubereitungszeit:
30 Min.
Backzeit:
45 Min.

Ergibt einen Napfkuchen von 20 cm Durchmesser

185 g kandierte Kirschen	*Glasur*
90 g Butter	**185 g Puderzucker**
150 g Zucker	**20 g Butter**
2 verrührte Eier	**1-2 EL Wasser**
1 TL Vanille-Extrakt	**Rosa Lebensmittelfarbe**
210 g Mehl	
1-2 TL Backpulver	
80 ml Milch	

1. Backofen auf 180 °C vorheizen. Eine Napfkuchenform (20 cm) mit Butter oder Öl einfetten. Die Form mit Mehl bestäuben und überschüssiges Mehl ausschütten. Die kandierten Kirschen in ein Sieb geben und den Sirup unter fließendem Wasser abspülen. Mit einem Küchentuch trokkentupfen. Butter und Zucker in einer Schüssel mit dem Mixer locker-cremig schlagen. Eier nach und nach zufügen und jedesmal gründlich verschlagen. Vanille-Extrakt zugeben und unterschlagen.
2. Die Masse in eine große Schüssel geben. Das gesiebte Mehl und Backpulver abwechselnd mit der Milch mit einem Metallöffel unterheben. Rühren, bis die Zutaten vermengt sind und die Masse glatt ist.
3. Den Teig in die vorbereitete Form geben und glattstreichen. 35 Min. backen, bis ein Spieß, den man in der Mitte des Kuchens einsticht, keine Teigspuren mehr vorweist. 10 Min. in der Form stehenlassen, bevor der Kuchen zum Abkühlen auf ein Kuchengitter gestürzt wird.
4. **Für die Glasur:** Gesiebten Puderzucker, Butter und Wasser in eine hitzebeständige Schüssel geben und im heißen Wasserbad verrühren, bis die Butter geschmolzen und die Glasur glänzend und glatt ist. Ein paar Tropfen Lebensmittelfarbe hinzufügen und umrühren. Die Glasur mit einem Löffel auf den Kuchen geben, so daß sie an den Seiten hinunterläuft.

Lagerzeit: In einem luftdicht schließenden Behälter ist dieser Kuchen im Kühlschrank bis zu zwei Tagen haltbar. Ohne Glasur läßt er sich bis zu einen Monat einfrieren.

Variante: Die Glasur, bevor sie fest wird, mit Kokosnußraspeln bestreuen.

Die abgespülten kandierten Kirschen mit einem Küchentuch trockentupfen.

Das gesiebte Mehl und Backpulver abwechselnd mit Milch mit einem Metallöffel unterheben.

Einen Spieß in der Mitte des Kuchens einstechen, um zu prüfen, ob er durchgebacken ist.

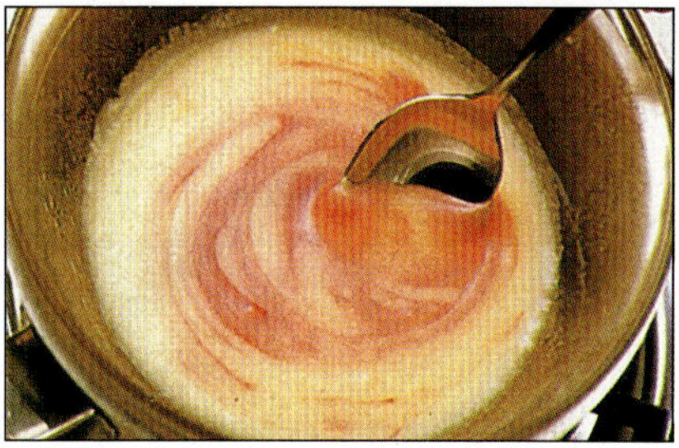

Ein paar Tropfen Lebensmittelfarbe in die Glasur geben und umrühren.

Dobosch-Torte

Vorbereitungszeit:
55–60 Min.
Backzeit:
40 Min.

Ergibt 12 Portionen

8 Eier, getrennt
220 g Zucker
190 g Mehl
1 TL Backpulver

Füllung
330 g Zucker
125 ml Wasser
5 Eigelb
30 g Kakao
100 g dunkle Blockschokolade, geschmolzen
250 g Butter

Karamelglasur
220 g Zucker
125 ml Wasser
125 g gehobelte, geröstete Mandeln

1. Backofen auf 180 °C vorheizen. Sechs Backbleche mit Backpapier belegen und auf jedes Blatt einen Kreis (23 cm Durchmesser) malen. Eigelb und die Hälfte des Zuckers mit dem Mixer schlagen, bis die Masse dick und hell ist. Eiweiß steifschlagen und unter Rühren Zucker zufügen, bis die Masse dick und glänzend ist und der Zucker sich aufgelöst hat. Gesiebtes Mehl und Backpulver zu dem geschlagenen Eigelb geben und mit einem Metallöffel unterheben. Dann nacheinander jeweils ein Drittel der Eiweißmasse unterheben. Den fertigen Teig gleichmäßig auf den Kreisen auf den Blechen verstreichen. 6–9 Min. backen, oder bis die Teigplatten goldbraun und bei leichtem Fingerdruck elastisch sind. Auf ein Kuchengitter stürzen, abkühlen lassen und die Ränder gerade schneiden.

2. **Für die Füllung:** Zucker und Wasser in einen mittelgroßen Topf geben und unter Rühren langsam erhitzen, bis der Zucker sich auflöst. Aufkochen und dann bei kleiner Hitze 10–15 Min. köcheln lassen oder bis der Sirup dickflüssig ist. Das Eigelb in einer mittleren Schüssel mit dem Mixer schlagen. Den heißen Sirup nach und nach in einem dünnen Strahl zum Eigelb geben und dabei ständig rühren; die Masse muß solange geschlagen werden, bis sie kalt und dick ist. Kakao zufügen und schlagen, bis die Masse glatt ist. Die Butter schlagen, bis sie hell und cremig ist. Nach und nach die Eimischung zufügen und rühren, bis die Zutaten vermengt und glatt sind.

3. **Für die Karamelglasur:** Zucker und Wasser in einen Stahltopf geben und unter Rühren langsam erhitzen, bis der Zucker sich aufgelöst hat. Ohne zu rühren, 5–10 Min. kochen lassen oder bis der Sirup goldbraun ist. Auf eine Teigplatte gießen und schnell und gleichmäßig verteilen. Mit einem heißen, gefetteten, scharfen Messer in 12 gleichmäßige Stücke schneiden,

Den Teig gleichmäßig auf den auf Backpapier gemalten Kreisen verstreichen.

Den heißen Zuckersirup in einem dünnen Strahl nach und nach zum geschlagenen Eigelb gießen.

solange die Karamelglasur noch weich ist.

4. Die Füllung auf die restlichen Teigplatten verteilen - ausreichend Füllung für den Tortenrand aufheben - und den Kuchen zusammensetzen. Die Platte mit dem Karamelbezug kommt obendrauf. Den Tortenrand gleichmäßig mit Füllung bestreichen und geröstete Mandeln hineindrücken.

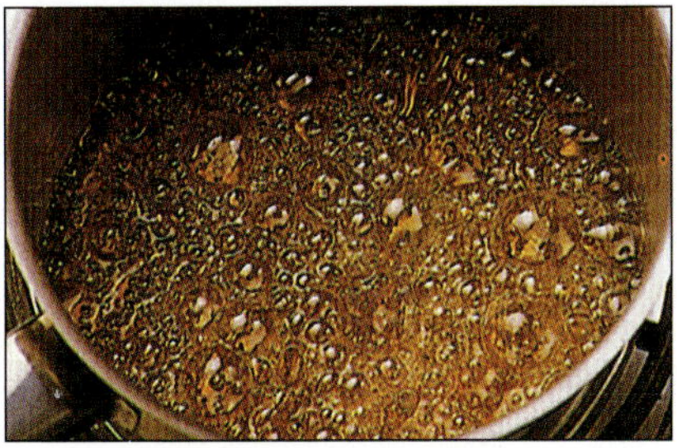

Zucker und Wasser ohne Rühren kochen, bis sich ein goldfarbener Sirup bildet.

Füllung auf restlichen Teigplatten streichen. Creme für Tortenrand aufbewahren.

Madeira-Kuchen

Vorbereitungszeit:
20 Min.
Backzeit:
55 Min.

Ergibt einen Kastenkuchen

150 g Butter	**60 g gemahlene Mandeln**
170 g Zucker	**220 g Mehl**
3 verrührte Eier	**1-2 TL Backpulver**
2 TL abgeriebene Zitronen- oder Orangenschale	**Puderzucker zum Verzieren**

1. Backofen auf 180 °C vorheizen. Eine Kastenform (23 x 13 x 7 cm) mit Butter oder Öl einfetten. Den Boden und die Seiten mit Backpapier auslegen. Butter und Zucker in einer Schüssel mit dem Mixer locker und cremig schlagen. Eier nach und nach zufügen und jeweils gründlich verschlagen. Abgeriebene Schale zugeben und unterschlagen.
2. Den Teig in eine große Schüssel geben. Mandeln, gesiebtes Mehl und Backpulver mit einem Metallöffel unterheben und rühren, bis die Zutaten vermengt und glatt sind.
3. Den Teig in die vorbereitete Form geben und glattstreichen. 55 Min. oder solange backen, bis an einem Spieß, den man in der Mitte des Kuchens einsticht, keine Teigspuren mehr vorhanden sind.
4. Den Kuchen 10 Min. in der Form stehenlassen, bevor er auf ein Kuchengitter gestürzt wird. Vor dem Servieren mit Puderzucker bestäuben.

Lagerzeit: Der Kuchen ist in einem luftdichten Behälter bis zu vier Tagen haltbar.

Dattel-Nuß-Rollen

Vorbereitungszeit:
25 Min.
Backzeit:
1 Stunde

Ergibt zwei Rollen

190 g Mehl	**100 g Butter**
1/2 TL Backpulver	**150 g brauner Zucker**
1/2 TL Natron	**125 ml Wasser**
1 TL Gewürzmischung	**275 gehackte Datteln**
125 gehackte Walnüsse	**1 verrührtes Ei**

1. Backofen auf 180 °C vorheizen. Zwei Röhrenbackformen (17 x 8 cm) und die Deckel mit Butter oder Öl einfetten. Mehl, Backpulver, Natron und Gewürzmischung in eine große Schüssel sieben. Walnüsse zufügen, umrühren und in der Mitte eine Mulde bilden.
2. Butter, Zucker, Wasser und Datteln in einen mittelgroßen Topf geben und unter Rühren langsam erhitzen, bis die Butter geschmolzen ist und der Zucker sich aufgelöst hat. Vom Herd nehmen und etwas abkühlen lassen.
3. Buttermischung und Eier zum Mehl geben und rühren, bis die Zutaten vermengt sind. Den Teig in die vorbereiteten Formen geben, aufrecht in den Ofen stellen und 1 Std. backen, oder bis an einem Spieß, den man in der Mitte des Kuchens einsticht, keine Teigspuren mehr vorhanden sind. Die Kuchen in den verschlossenen Formen 10 Min. stehenlassen, bevor sie auf ein Kuchengitter gestürzt werden. Mit Butter bestrichen servieren.

Madeira-Kuchen (oben) und Dattel-Nuß-Rollen

Honig-Creme-Rolle

Vorbereitungszeit:
40 Min.
Backzeit:
12 Min.

Ergibt eine Rolle

175 g Mehl
$1^1/_2$ TL Backpulver
2 TL Gewürzmischung
3 Eier
140 g brauner Zucker
20 g geraspelte Kokosnuß

Honigcreme
125 g Butter
75 g Zucker
2 EL Honig

1. Backofen auf 210 °C vorheizen. Eine Backform (30 x 25 x 2 cm) mit Butter oder Öl einfetten. Den Boden mit Backpapier auslegen, so daß es an den Seiten überlappt.
Mehl und Gewürzmischung dreimal auf ein fettfreies Blatt Papier sieben. Die Eier in einer großen Schüssel mit dem Mixer 5 Min. schlagen, bis die Masse dick, schaumig und hell ist. Zucker unter Rühren nach und nach zufügen, bis der Zucker sich aufgelöst hat und die Masse hell und glänzend ist. Die Mehlmischung mit einem Metallöffel schnell und locker unterheben.
2. Den Teig gleichmäßig in die vorbereitete Form füllen und glattstreichen. 12 Min. backen, bis der Kuchen goldbraun und bei leichtem Fingerdruck elastisch ist. Ein sauberes, trockenes Geschirrtuch ausbreiten, mit fettfreiem Backpapier belegen und mit Kokosnußraspeln bestreuen. Den Kuchen auf die Kokosnußraspeln stürzen und 1 Min. liegenlassen.
3. Den Teig von der Querseite mit Hilfe des Geschirrtuchs in das Papier einrollen und 5 Min. oder solange liegenlassen, bis er abgekühlt ist. Dann die Rolle auseinanderrollen und das Papier abziehen. Mit Honigcreme bestreichen und wieder einrollen. Die Enden mit dem Messer gerade schneiden. In Scheiben servieren.
4. **Für die Honigcreme:** Butter, Zucker und Honig in einer Schüssel mit dem Mixer locker und cremig schlagen. Mit kaltem Wasser bedecken, das Wasser einmal herumwirbeln und abgießen. Die Masse weitere 2 Min. mit dem Mixer schlagen. Dieses Verfahren sechsmal wiederholen, bis die Creme weiß und schaumig ist und der Zucker sich völlig aufgelöst hat.

Den Zucker nach und nach zu den geschlagenen Eiern geben, bis die Masse hell und glänzend ist.

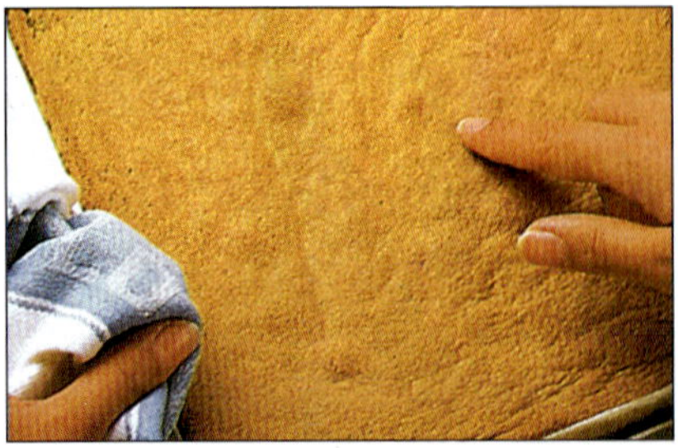

Den Teig backen, bis er goldbraun und bei leichtem Fingerdruck elastisch ist.

Den Teig mit Hilfe eines Geschirrtuchs in Backpapier einrollen.

Die cremige Buttermischung mit kaltem Wasser bedecken, das Wasser herumwirbeln und abgießen.

Engelstorte

Vorbereitungszeit:
25 Min.
Backzeit:
45 Min.

Ergibt einen Ringkuchen von 23 cm Durchmesser

90 g Mehl
30 g Maismehl
150 g Zucker
10 Eiweiß
1 1/2 TL Weinstein
220 g Zucker, extra
1 TL Vanille-Extrakt

Zuckerguß
280 g Zucker
125 ml Wasser
3 Eiweiß

1. Backofen auf 180 °C vorheizen. Mehl und Maismehl zweimal auf ein Blatt fettfreies Papier sieben. Zucker zufügen und nochmal sieben. Eiweiß in einer großen Schüssel mit dem Mixer steifschlagen. Weinstein zufügen und unterschlagen.
2. Nach und nach restlichen Zucker zufügen und schlagen, bis er sich aufgelöst hat und die Masse dick und glänzend ist. Vanille-Extrakt zufügen und unterschlagen.
3. Das Mehl in drei Portionen mit einem Metallöffel unterheben, bis die Zutaten gerade vermengt sind. Den Teig in die Form (23 cm) füllen. 45 Min. backen, bis der Kuchen goldbraun und bei leichtem Fingerdruck elastisch ist. Die Form stürzen und den Kuchen darin lassen, bis er vollständig abgekühlt ist. Dann den Kuchen mit einem Messer vom Rand lösen und auf eine Platte stürzen. Ringsherum mit Zuckerguß verzieren und mit vergoldeten Mandeln dekorieren.
4. **Für den Zuckerguß:** Zucker und Wasser in einen Topf geben und bei niedriger Hitze unter ständigem Rühren aufkochen, bis der Zucker sich aufgelöst hat. Dann ohne zu rühren unbedeckt 5 Min. köcheln lassen. Das Eiweiß in einer sauberen, trockenen Schüssel mit dem Mixer steifschlagen. Den heißen Zuckersirup unter ständigem Rühren ins Eiweiß gießen, bis der Zuckerguß dick, glänzend und schaumig steif ist.

Lagerzeit: In einem luftdicht schließenden Behälter ist der Kuchen bis zu zwei Tagen haltbar.

Hinweis: Dieser Kuchen wird traditionell in einer speziellen Angel cake-Form oder "Savarin-Form" gebacken, die in Küchenbedarfsläden oder großen Kaufhäusern erhältlich sind.

Mehl und Maismehl zweimal auf ein Blatt fettfreies Papier sieben.

Vanille-Extrakt zu der Eiweiß- und Zuckermischung geben.

Die Form auf ein Brett stürzen und den Kuchen darin vollständig abkühlen lassen.

Den heißen Zuckersirup in einem dünnen Strahl unter ständigem Rühren zum Eiweiß geben.

Genueser Mokkatorte

Vorbereitungszeit:
40 Min.
Backzeit:
40 Min.

Ergibt eine Schichttorte von 23 cm Durchmesser

125 g Mehl
4 Eier
150 g Zucker
60 g geschmolzene und abgekühlte Butter

Mokka-Buttercreme
110 g Zucker
80 ml Wasser
4 Eigelb
250 g weiche Butter
2 EL Instant-Kaffeepulver
1 EL heißes Wasser

2 EL Kakaocreme
125 g geröstete, gehobelte Mandeln
Geröstete oder mit Schokolade bezogene Kaffeebohnen zum Verzieren

1. Backofen auf 180 °C vorheizen. Eine Springform (23 cm) mit Butter oder Öl einfetten. Den Boden und die Seiten mit Backpapier auslegen. Das Mehl dreimal auf ein Blatt fettfreies Papier sieben. Eier und Zucker in einer Schüssel mit dem Mixer 6 Min. schlagen, bis die Masse dick und hell ist und an Volumen zugenommen hat. Das Mehl in zwei Portionen mit einem Metallöffel schnell und locker unterheben, bis die Zutaten gerade vermengt sind. Bei der zweiten Portion Mehl die geschmolzene Butter zufügen, den weißen Bodensatz vorher entfernen. Den Teig gleichmäßig in die vorbereitete Form geben. 35 Min. backen, bis der Kuchen goldbraun und bei leichtem Fingerdruck elastisch ist.
In der Form 2 Min. stehenlassen, bevor der Kuchen zum Abkühlen auf ein Kuchengitter gestürzt wird.
Das Backpapier abziehen.

2. **Für die Mokka-Buttercreme:** Zucker und Wasser in einen Topf geben. Unter ständigem Rühren langsam erhitzen, aber nicht kochen, bis sich der Zucker vollständig aufgelöst hat. Kurz aufkochen lassen und ohne zu rühren 5 Min. köcheln lassen. Den Sirup vom Herd nehmen und etwas abkühlen lassen. Eigelb mit dem Mixer 2 Min. schlagen, den Sirup unter ständigem Rühren hinzufügen und weiterrühren, bis die Masse kalt ist. Nach und nach die Butter zu der abgekühlten Masse geben und schlagen, bis sie glatt und cremig ist. Den im heißen Wasser aufgelösten Kaffee zufügen und schlagen, bis die Zutaten vermengt sind. Den Kuchen mit einem Brotmesser waagerecht in zwei Hälften schneiden. Beide Hälften mit Kakaocreme bestreichen. Ein Viertel der Mokka-Buttercreme auf die untere Schicht streichen und die obere Schicht aufsetzen. Zwei Drittel der restlichen Buttercreme ringsherum auf die Torte streichen und die Flächen glätten. Gehobelte Mandeln an den Rand drükken. Die restliche Buttercreme in einen Spritzbeutel füllen und den Tortenrand mit Häubchen verzieren. Die Häubchen mit kleinen Kaffeebohnen und nach Wunsch mit Schokomint-Stäbchen dekorieren.

Lagerzeit: In einem luftdicht schließenden Behälter ist dieser Kuchen bis zu drei Tagen haltbar.

Hinweis: Die Genueser Torte besteht aus einem klassischen Rührteig, der sehr leicht und feucht ist.

Wenn der Kuchen auf dem Kuchengitter abgekühlt ist, Backpapier vorsichtig abziehen.

Butter nach und nach zu der abgekühlten Eigelb- und Sirupmasse geben.

Zitronen-Grieß-Kuchen

Vorbereitungszeit:
30 Min.
Backzeit:
50 Min.

Ergibt einen Napfkuchen von 23 cm Durchmesser

150 g Butter
170 g Zucker
2 verrührte Eier
2 TL abgeriebene Zitronenschale
1 1/2 Becher feingemahlener Grieß
125 g gemahlene Mandeln
1 1/2 TL Backpulver
60 ml Milch

Zitronensirup
125 ml Zitronensaft
Schale von einer Zitrone
110 g Zucker

1. Backofen auf 180 °C vorheizen. Napfkuchenform (23 cm) mit Butter oder Öl einfetten. Butter und Zucker in einer Schüssel mit dem Mixer lokker und cremig schlagen. Eier nach und nach zufügen und jedesmal gründlich verschlagen. Die Zitronenschale zugeben und unterschlagen.
2. Die Masse in eine große Schüssel geben. Mit einem Metallöffel den mit Mandeln und Backpulver vermischten Gries abwechselnd mit der Milch unterheben. Rühren, bis der Teig glatt ist.
3. Den Teig in die vorbereitete Form geben und glattstreichen. 45 Min. oder solange backen, bis an einem Spieß, den man in der Mitte des Kuchens einsticht, keine Teigspuren mehr vorhanden sind. Den Kuchen 5 Min. in der Form stehenlassen und auf einen Kuchenteller stürzen. Ringsherum mit Zitronensirup bestreichen und mit gesiebtem Puderzucker bestäuben.
4. **Für den Zitronensirup:** Saft, Schale und Zucker in einen Topf geben. Bei mittlerer Hitze, aber ohne zu kochen, rühren, bis sich der Zucker auflöst.
Aufkochen lassen und bei niedriger Hitze 5 Min. köcheln lassen.

Gewürzkuchen

Vorbereitungszeit:
30 Min.
Backzeit:
50 Min.

Ergibt einen Kuchen von 20 cm

250 g Mehl
2 TL Backpulver
1 TL gemahlener Zimt
1 TL gemahlener Ingwer
1/2 TL gemahlener Kardamon
1/2 TL gemahlene Nelken
185 g Butter
150 g brauner Zucker
60 ml Goldsirup
3 verrührte Eier
60 ml Buttermilch
2 EL brauner Zucker, extra
1 TL Gewürzmischung
40 g feingehackte Walnüsse

1. Backofen auf 180 °C vorheizen. Eine tiefe Kastenform (20 cm) mit Öl oder Butter einfetten und den Boden und die Seiten mit Backpapier auslegen. Mehl, Backpulver und Gewürze in eine große Schüssel sieben. In der Mitte eine Mulde bilden. Butter, Zucker und Goldsirup in einen mittleren Topf geben und unter Rühren langsam erhitzen, bis die Butter geschmolzen und die Masse glatt

Zitronen-Grieß-Kuchen (oben) und Gewürzkuchen

ist. Vom Herd nehmen und etwas abkühlen lassen.
2. Die Buttermischung in die Schüssel geben und mit einem Holzlöffel verrühren, bis die Zutaten gerade vermengt sind. Die verrührten Eier und Buttermilch zufügen und rühren, bis alles vermengt und die Masse glatt ist.
3. Den Teig in die vorbereitete Form geben und glattstreichen. Extra Zucker, Gewürze und Walnüsse mischen, auf den Teig streuen und leicht hineindrücken.
4. 45 Min. oder solange backen, bis an einem Spieß, den man in der Mitte des Kuchens einsticht, keine Teigspuren mehr vorhanden sind. Vor dem Stürzen 15 Min. in der Form stehenlassen.

Lagerzeit: In einem luftdicht schließenden Behälter bis zu drei Tagen haltbar.

Gefüllte Schokoladentorte

Vorbereitungszeit:
25 Min.
Backzeit:
1 Std.

Ergibt eine Schichttorte von 20 cm Durchmesser

250 g Mehl
1 TL Natron
1 TL Backpulver
70 g Kakao
280 g Zucker
125 g weiche Butter
250 ml Milch
150 g saure Sahne
3 verrührte Eier
190 ml Schlagsahne

Schokoladenglasur
50 g dunkle Blockschokolade
25 g Butter
3 TL Puderzucker

1. Backofen auf 180 °C vorheizen. Eine Springform (20 cm) mit Öl oder Butter einfetten. Mehl, Natron, Backpulver und Kakao in eine große Schüssel sieben. Zucker, Butter, Milch und saure Sahne zufügen. Bei mittlerer Geschwindigkeit 1 Minute schlagen, bis die Zutaten vermengt sind.
2. Eier zugeben und bei hoher Geschwindigkeit 4 Min. schlagen, bis die Masse glatt und cremig ist. Den Teig in die vorbereitete Form geben und 1 Std. oder solange backen, bis an einem Spieß, den man in der Mitte des Kuchens einsticht, keine Teigspuren mehr vorhanden sind. Den Kuchen aus dem Ofen nehmen und 10 Min. in der Form stehenlassen, bevor er auf ein Kuchengitter gestürzt wird.
3. **Für die Glasur:** Schokolade und Butter in eine hitzebeständige Schüssel geben und im siedenden Wasserbad verrühren, bis die Masse geschmolzen und glatt ist. Den gesiebten Puderzucker nach und nach zufügen und rühren, bis die Glasur glatt ist.
4. Wenn der Kuchen kalt ist, waagerecht mit einem Brotmesser durchschneiden. Die untere Schicht mit geschlagener Sahne bestreichen, die obere Schicht aufsetzen und gleichmäßig mit der Schokoladenglasur bestreichen.

Hinweis: Beim Schmelzen der Schokolade darf kein Wasser oder Dampf in die Masse geraten, da sie sich sonst zusammenzieht und klumpig wird und nicht mehr verwendbar ist. Wenn das passiert, muß die Schokolade weggeworfen und das Verfahren wiederholt werden.

Zucker, Butter, Milch und saure Sahne zum Mehl und Kakao geben.

Die Masse nach dem Zufügen der Eier 4 Min. schlagen, bis sie glatt und cremig ist.

Den gesiebten Puderzucker nach und nach zu der Butter- und Schokoladenmischung geben.

Abgekühlten Kuchen waagerecht durchschneiden. Untere Schicht mit Schlagsahne bestreichen.

Mandelkuchen

Vorbereitungszeit:
20 Min.
Backzeit:
45 Min.

Ergibt einen Kuchen von 17 cm Durchmesser

125 g Butter
150 g Zucker
Mandel-Extrakt
3 verrührte Eier
90 g gemahlene Mandeln
60 g Mehl
Ganze Mandeln

1. Backofen auf 180 °C vorheizen. Eine Springform (17 cm) mit Butter oder Öl einfetten. Den Boden mit Backpapier auslegen. Butter, Zucker und 2 Tropfen Mandel-Extrakt in einer Schüssel mit dem Mixer locker und cremig schlagen.
2. Ein Drittel der Eier zusammen mit einem Drittel gemahlener Mandeln zufügen, verrühren und mit den restlichen Eiern und Mandeln den Vorgang wiederholen.
3. Das gesiebte Mehl mit einem Metallöffel unterheben und rühren, bis alle Zutaten vermengt sind und die Masse glatt ist.
4. Den Teig in die vorbereitete Form geben, glattstreichen und mit Mandeln verzieren. 45 Min. oder solange backen, bis an einem Spieß, den man in der Mitte des Kuchens einsticht, keine Teigspuren mehr vorhanden sind. Den Kuchen 10 Min. in der Form stehenlassen und zum Abkühlen auf ein Kuchengitter stürzen. Vor dem Servieren mit Zucker oder Puderzucker bestreuen.

Lagerzeit: Der Kuchen ist in einem luftdichten Behälter drei Tage und im Tiefkühlschrank zwei Monate haltbar.

Kümmelkuchen

Vorbereitungszeit:
20 Min.
Backzeit:
50 Min.

Ergibt einen Kuchen von 17 cm Durchmesser

125 g Butter
110 g Zucker
3 verrührte Eier
160 g Mehl
1-2 TL Backpulver
3 TL Kümmelsamen
2 EL Milch

1. Backofen auf 180 °C vorheizen. Eine runde Kuchenform (17 cm) mit Öl oder Butter einfetten. Den Boden mit Backpapier auslegen. Butter und Zucker in einer Schüssel mit dem Mixer locker und cremig schlagen. Eier nacheinander zufügen und jedesmal gründlich verschlagen.
2. Den Teig in eine große Schüssel geben. Gesiebtes Mehl, Backpulver und Kümmel abwechselnd mit der Milch mit einem Metallöffel unterheben.
3. Den Teig in die Form geben und glattstreichen. 50 Min. oder solange backen, bis an einem Spieß, den man in der Mitte des Kuchens einsticht, keine Teigspuren mehr vorhanden sind. Den Kuchen 20 Min. in der Form stehenlassen, bevor er zum Abkühlen auf ein Kuchengitter gestürzt wird. Mit Puderzucker bestreut servieren.

Lagerzeit: In einem luftdichten Behälter eine Woche oder im Tiefkühlschrank bis zu drei Monaten haltbar.
Hinweis: Der Kümmelkuchen ist ein traditioneller englischer Kuchen, der gebacken wird, um das Ende der Saatzeit im Frühling zu feiern.

Mandelkuchen (oben) und Kümmelkuchen

Ingwerkuchen

Vorbereitungszeit:
30 Min.
Backzeit:
3/4 - 1 Std.

Ergibt einen viereckigen Kuchen von 20 cm

125 g Butter
125 ml dunkler Sirup
125 ml Goldsirup
310 g Mehl
1 TL Natron
1 TL Backpulver
3 TL gemahlener Ingwer
1 TL Gewürzmischung
1/4 TL gemahlener Zimt
150 g brauner Zucker
250 ml Milch
2 verrührte Eier

Zitronen-Ingwer-Glasur
320 g Puderzucker
1 TL gemahlener Ingwer
30 g geschmolzene Butter
2 TL Milch
2 TL Zitronensaft
1 TL Zitronenschale

1. Backofen auf 180 °C vorheizen. Eine tiefe viereckige Backform (20 cm) mit Butter oder Öl einfetten. Den Boden mit Backpapier auslegen. Butter und Sirup in einen mittelgroßen Topf geben und bei niedriger Hitze verrühren, bis die Butter geschmolzen ist. Vom Herd nehmen.
2. Mehl, Backpulver und Gewürze in eine große Schüssel sieben, Zucker zufügen und gut verrühren. In der Mitte eine Mulde bilden, die Butter-Sirup-Mischung und die mit Milch verrührten Eier hineingeben. Mit einem Holzlöffel rühren, bis die Masse glatt ist und alle Zutaten verrührt sind.
3. Den Teig in die vorbereitete Form geben und glattstreichen. 45 Min. – 1 Std. backen, bis an einem Spieß, den man in der Mitte des Kuchens einsticht, keine Teigspuren mehr vorhanden sind. 20 Min. in der Form stehenlassen und zum Abkühlen auf ein Kuchengitter stürzen.
4. **Für die Zitronen-Ingwer-Glasur:** Gesiebten Puderzucker mit Butter, Milch, Zitronensaft und -schale in einer Schüssel zu einer dicken Paste verrühren. Dann in ein siedendes Wasserbad geben und rühren, bis die Glasur glatt und glänzend ist. Vom Herd nehmen. Mit einem flachen Messer auf den Kuchen streichen. Nach Wunsch mit geraspelter Zitronenschale oder kandiertem Ingwer verzieren.

Lagerzeit: Der Kuchen schmeckt nach 2 – 3 Tagen am besten.
In einem luftdicht schließenden Behälter ist er bis zu einer Woche haltbar und tiefgefroren - ohne Glasur - bis zu drei Monaten.

Butter und Sirup in einem mittelgroßen Topf verrühren.

Die mit Milch verrührten Eier und die Butter-Sirup-Mischung zu den trockenen Zutaten geben.

Den Kuchen 20 Min. in der Form stehenlassen und zum Abkühlen auf ein Kuchengitter stürzen.

Die Glasurmischung im siedenden Wasserbad rühren, bis sie glatt und glänzend ist.

Schwarzwälder Kirschtorte

Vorbereitungszeit:
45 Min.
Backzeit:
15 Min.

Ergibt eine Schichttorte von 20 cm Durchmesser

90 g Mehl
1 TL Backpulver
2 EL Kakao
4 Eier, getrennt
110 g Zucker
60 ml Kirschwasser
375 ml Schlagsahne, geschlagen
425 g entsteinte und gut abgetropfte Sauerkirschen
125 g dunkle Blockschokolade
Maraschinokirschen (mit Stiel), zum Verzieren

1. Backofen auf 180 °C vorheizen. Zwei Springformen (20 cm) mit Butter oder Öl einfetten. Den Boden und die Seiten mit Backpapier auslegen. Mehl, Backpulver und Kakao dreimal auf ein fettfreies Blatt Papier sieben. Eiweiß in eine kleine, saubere, trockene Schüssel geben und mit dem Mixer steifschlagen. Unter Rühren Zucker zufügen und schlagen, bis sich der Zucker aufgelöst hat und die Masse dick und glänzend ist. Eigelb zufügen und nochmal 20 Sek. schlagen. Die Masse in eine größere Schüssel geben.
2. Mehl- und Kakaomischung schnell und locker unterheben. Den Teig gleichmäßig auf die vorbereiteten Formen verteilen. 15 Min. backen, bis die Kuchen bei leichtem Fingerdruck elastisch sind. 5 Min. in der Form stehenlassen, bevor sie zum Abkühlen auf ein Kuchengitter gestürzt werden. Von beiden Kuchen die Wölbung abschneiden und die Kuchen umdrehen, so daß die Unterseite die Oberseite wird.
3. Beide Kuchen großzügig mit Kirschwasser bestreichen. Einen Kuchen mit einem Viertel der steifen Schlagsahne bestreichen und mit Kirschen belegen. Den anderen Kuchen aufsetzen und die Torte mit einem flachen Messer mit der restlichen Schlagsahne rundherum bestreichen.
4. Die Schokolade mit einem Gemüseschäler raspeln und die Flocken locker in die Schlagsahne um den Tortenrand drücken. Die Torte mit Maraschinokirschen und geraspelter Schokolade verzieren.

Hinweis: Schwarzwälder Kirschtorte wird traditionellerweise mit frischen, in Zuckersirup getränkten und entsteinten Schattenmorellen hergestellt. Entsteinte Kirschen aus dem Glas sind ein guter Ersatz.

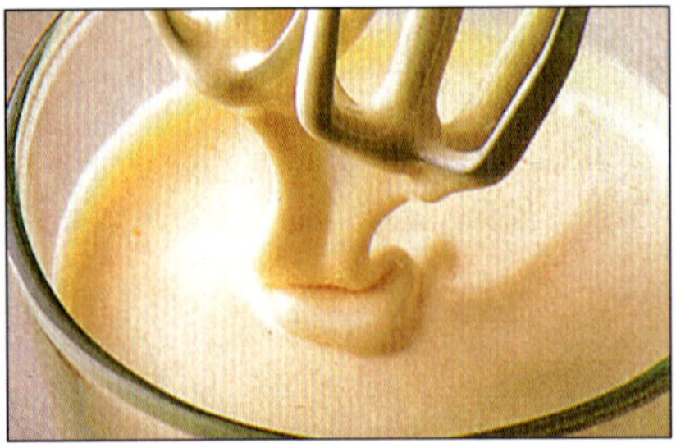

1. Eigelb zufügen, bis die Masse dick ist und an Umfang zugenommen hat.

2. Den Teig gleichmäßig in die vorbereiteten Formen füllen.

3. Für die Füllung einen Kuchen mit Schlagsahne bestreichen und mit Kirschen belegen.

4. Für die Verzierung der Torte die Schokolade mit einem Gemüseschäler raspeln.

Joghurt-Zitrus-Kuchen

Vorbereitungszeit:
40 Min.
Backzeit:
1 1/4 Std.

Ergibt einen Kuchen von 23 cm Durchmesser

180 g Butter
220 g Zucker
3 TL abgeriebene Zitronenschale >2 Limetten
3 TL abgeriebene Orangenschale >1 Orange
5 Eier, getrennt
150 g Joghurt
310 g Mehl
2 1/2 TL Backpulver
1/2 TL Natron

Zitrussirup
220 g Zucker
190 ml kaltes Wasser
1 großes Stück Zitronenschale
1 EL Zitronensaft
1 EL Orangensaft
1 EL Orangenblütenwasser

1. Backofen auf 180 °C vorheizen. Eine Springform (23 cm) mit Butter oder Öl einfetten. Den Boden mit Backpapier auslegen. Butter, Zucker, abgeriebene Zitronen- und Orangenschale in einer Schüssel mit dem Mixer locker und cremig schlagen. Eigelb nach und nach zufügen und jedesmal gründlich verschlagen. Die Masse in eine große Schüssel geben. Mit einem Metallöffel zuerst den Joghurt und dann das mit Backpulver und Natron vermischte und gesiebte Mehl unterheben. Das Eiweiß in einer kleinen, trockenen, sauberen Schüssel mit dem Mixer steifschlagen und mit einem Metallöffel schnell unter den Teig heben. Den Teig in die vorbereitete Form geben und glattstreichen. 45–50 Min. oder solange backen, bis an einem Spieß, den man in der Mitte des Kuchens einsticht, keine Teigspuren mehr vorhanden sind. 5 Min. in der Form stehenlassen, bevor der Sirup darauf gegossen wird.

2. **Für den Sirup:** Zucker und Wasser in einen Topf geben. Unter Rühren langsam erhitzen, bis der Zucker sich aufgelöst hat, kurz aufkochen lassen, die Hitze wieder reduzieren und die Zitronenschale und den Saft zufügen. Ohne zu Rühren, bei offenem Topf 20 Min. köcheln lassen. Die Zitronenschale entfernen und den Sirup abkühlen lassen. Orangenblütenwasser zufügen und den Sirup auf den Kuchen gießen, solange er noch in der Form ist. Wenn der Sirup vollständig in den Kuchen eingesogen ist, den Kuchen aus der Form nehmen und zum Servieren in fingerdicke Stücke schneiden.

Lagerzeit: In einem luftdichten Behälter ist der Joghurt-Zitronen-Kuchen bis zu drei Tagen haltbar; tiefgefroren - ohne Zitronensirup - bis zu zwei Monaten. Den Kuchen auftauen lassen, bevor der Sirup darauf gegossen wird.

Tip: Dieser Kuchen schmeckt köstlich, wenn er noch warm und mit Schlagsahne serviert wird.

Variante: Bei der Zubereitung des Zitrussirups können Zitronenschale und Zitronensaft durch Limettenschale und Limettensaft ersetzt werden. Auch bei der Herstellung des Kuchenteigs kann anstelle der Zitronenschale Limettenschale verwendet werden.

Mit einem Metallöffel zuerst den Joghurt und dann das vermischte und gesiebte Mehl unterheben.

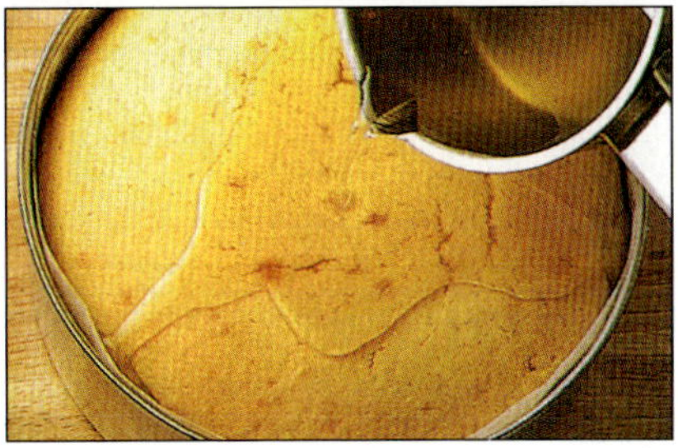

Den Sirup auf den abgekühlten Kuchen gießen, solange er noch in der Form ist.

Siena-Torte

Vorbereitungszeit:
30 Min.
Backzeit:
35–40 Min.

Ergibt einen Kuchen von 23 cm Durchmesser

125 g geschälte, geröstete Mandeln	**185 g gehackte, getrocknete Feigen**
125 g geröstete Haselnüsse	**95 g Mehl**
185 g gehackte, kandierte Aprikosen	**1 EL Kakao**
185 g gehackte, kandierte Ananas	**1 TL gemahlener Zimt**
1/4 Becher gemischte Fruchtschalen	**1/2 TL Gewürzmischung**
	110 g Zucker
	190 g Honig

1. Backofen auf 150 °C vorheizen. Eine Springform (23 cm) mit Butter oder Öl einfetten. Den Boden und die Seiten mit Backpapier auslegen, so daß es 1 cm über den Rand hinausragt.
2. Die Nüsse und gehackten Früchte in eine große Schüssel geben. Mehl, Kakao und Gewürzmischung auf die Nüsse und Früchte sieben und verrühren.
3. Zucker und Honig unter Rühren in einem Topf langsam erhitzen, bis der Zucker sich aufgelöst hat. Dann 1 Min. kochen lassen. Den heißen Sirup auf die Früchte- und Nußmischung gießen und die Zutaten mit einem Metallöffel schnell verrühren, bis die Masse sehr fest und klebrig ist.
4. Den Teig fest in die vorbereitete Form drücken und mit feuchten Händen gleichmäßig verteilen. 35–40 Min. backen. Den Kuchen in der Form erhalten lassen, dann stürzen und das Backpapier abziehen. Den Kuchen in Folie wickeln und vor dem Anschneiden mindestens 2 Tage stehenlassen.
Vor dem Servieren dick mit Puderzucker bestäuben und in sehr schmale Stücke schneiden.

Lagerzeit: In Folie gewickelt ist der Kuchen im Kühlschrank bis zu drei Monaten haltbar.
Hinweis: Diese flache Torte stammt aus der italienischen Stadt Siena und ist auch unter dem Namen Panforte (zu deutsch: Pfefferkuchen) bekannt. Mit Kaffee schmeckt sie besonders köstlich, und in festliches Papier verpackt und mit einer Schleife verziert ist sie ein wunderschönes Weihnachtsgeschenk. Aus der angegebenen Menge können auch zwei kleinere Torten hergestellt werden, wenn man zwei Springformen mit 17 cm Durchmesser nimmt.

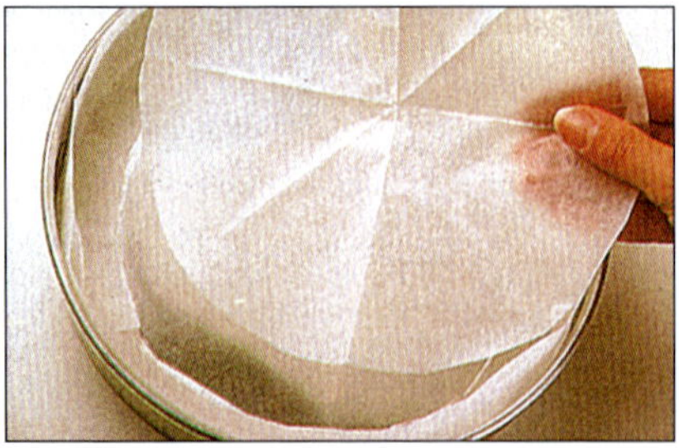

Den Boden und die Seiten einer gefetteten Springform mit Backpapier auslegen.

Mehl, Kakao und Gewürzmischung auf die Nüsse und Früchte in der Schüssel sieben.

Zucker und Honig in einem Topf unter Rühren langsam erhitzen, bis der Zucker sich aufgelöst hat.

Die Teigmasse mit feuchten Händen fest in die Form drücken.

Ungarische Walnuß-Torte

Vorbereitungszeit:
20 Min.
Backzeit:
20–25 Min.

Ergibt eine Torte von 20 cm Durchmesser

3 Eier, getrennt
110 g Zucker
1/2 TL Vanille-Extrakt
90 g Maismehl
1 TL Backpulver
60 g gemahlene Walnüsse

Kaffeecreme
375 g Schlagsahne
50 g Puderzucker
2 TL Instant-Kaffeepulver
2 EL Schokoladen-Haselnuß-Aufstrich (z.B. Nutella)
1 EL Kaffeelikör

1. Backofen auf 180 °C vorheizen. Eine Springform (20 cm) mit Butter oder Öl einfetten. Den Boden mit Backpapier auslegen. Eiweiß in einer kleinen, trockenen, sauberen Schüssel mit dem Mixer steifschlagen. Zucker unter Rühren zugeben, bis der Zucker sich aufgelöst hat und die Masse dick und glänzend ist.
2. Eigelb und Vanille-Extrakt zugeben und weitere 20 Sek. schlagen. Die Masse in eine große Schüssel geben. Gesiebtes Maismehl und Backpulver abwechselnd mit den Walnüssen schnell und locker mit einem Metallöffel unterheben.
3. Den Teig in die vorbereitete Form geben und 20–25 Min. backen oder bis der Kuchen goldbraun ist und sich an den Seiten von der Form löst.
5 Min. in der Form stehenlassen, bevor der Kuchen zum Abkühlen auf ein Kuchengitter gestürzt wird.
4. **Für die Kaffeecreme:** Die Zutaten mit dem Mixer schlagen, bis die Masse dick ist. Den Kuchen waagerecht durchschneiden und ein Drittel der Creme auf den unteren Boden streichen. Den anderen Boden aufsetzen und mit der restlichen Creme bestreichen. Mit Walnußhälften und Borkenschokolade verzieren.

Variante: Eine Schale Erdbeeren halbieren und vier Beeren zum Verzieren aufheben. 375 g Schlagsahne steifschlagen, ein Drittel mit Erdbeeren verrühren und auf den unteren Boden streichen. Den Kuchen ringsherum mit der restlichen Schlagsahne bestreichen und mit Erdbeeren verzieren.

Lagerzeit: Tiefgefroren ist der nicht gefüllte Kuchen bis zu einem Monat haltbar.

Zucker unter Rühren dem Eiweiß zugeben, bis die Masse dick und glänzend ist.

Gesiebtes Maismehl und Backpul er abwechselnd mit den Walnüssen unterheben.

Backen, bis der Kuchen goldbraun ist und sich an den Seiten von der Form löst.

Ein Drittel der Creme auf den unteren Boden streichen.

Dundee Cake

Vorbereitungszeit:
30 Min.
Backzeit:
2–2 1/2 Std.

Ergibt einen Kuchen von 20 cm Durchmesser

250 g Butter
200 g brauner Zucker
4 verrührte Eier
170 g gehackte Rosinen
170 g Sultaninen
170 g Korinthen
1/2 Becher gemischte Fruchtschalen
60 g halbierte kandierte Kirschen
90 g Mandelstifte
125 g gemahlene Mandeln
250 g Mehl
1/2 TL Backpulver
2 EL Brandy
125 g geschälte Mandeln zum Verzieren

1. Backofen auf 150 °C vorheizen. Eine Springform (20 cm) mit Butter oder Öl einfetten. Den Boden und die Seiten mit Backpapier auslegen.
Butter und Zucker mit dem Mixer locker und cremig schlagen. Die geschlagenen Eier nach und nach zufügen und jedesmal kräftig verschlagen.
2. Die Masse in eine große Schüssel geben und die Früchte und Mandeln zufügen. Das gesiebte Mehl und Backpulver und den Brandy mit einem Metallöffel unterheben.
3. Den Teig in die vorbereitete Form geben und glattstreichen. Den Kuchen mit Mandeln verzieren und dabei sanft in den Teig drücken.
4. 2–2 1/2 Std. oder solange backen, bis an einem Spieß, den man in der Mitte des Kuchens einsticht, keine Teigspuren mehr vorhanden sind.
Den Kuchen in der Form abkühlen lassen.

Lagerzeit: Der Kuchen ist bis zu zwei Monaten haltbar. Fest in mehrere Schichten Küchenfolie einwickeln und im Kühlschrank aufbewahren.

Schokoladencremetorte

Vorbereitungszeit:
30 Min.
Backzeit:
1 Std.

Ergibt eine Torte von 20 cm Durchmesser

225 g Butter
350 g gehackte dunkle Blockschokolade
80 ml warmes Wasser
5 Eier, getrennt
280 g Zucker
190 g gemahlene Mandeln
90 g Mehl
1 EL Rum oder Brandy

Schokoladenüberzug
200 g gehackte dunkle Blockschokolade
200 g Butter

1. Backofen auf 180 °C vorheizen. Eine Springform (20 cm) mit Butter oder Öl einfetten. Den Boden und die Seiten mit Backpapier auslegen. Butter und Schokolade in einem Topf langsam schmelzen, Wasser zufügen und umrühren, bis die Masse glatt ist. Vom Feuer nehmen und abkühlen lassen.
2. Eigelb und Zucker in einer großen Schüssel schlagen, bis die Masse dick und hell ist. Die Schokoladenmischung mit einem Metallöffel unterheben und dann das mit Mandeln ver-

Dundee Cake (oben) und Schokoladencremetorte

mischte Mehl. Rühren, bis die Masse glatt ist. Rum oder Brandy zufügen. Eiweiß in einer anderen Schüssel steifschlagen und unter den Teig heben. Den Teig in die vorbereitete Form geben und glattstreichen. 1 Std. backen. 20 Min. in der Form abkühlen lassen und auf ein Kuchengitter stürzen.

3. **Für den Schokoladenüberzug:** Schokolade und Butter in einem Topf langsam schmelzen und rühren, bis die Masse glatt ist. Abkühlen lassen und gelegentlich umrühren, bis die Masse streichfähig ist. Ein Drittel der Masse auf den Kuchen streichen und ein Drittel um den Rand. Mit dem restlichen Drittel den Tortenrand mit Schokoladenhäubchen verzieren.

Kokosnußtorte

Vorbereitungszeit:
20 Min.
Backzeit:
40–45 Min.

Ergibt eine Torte von 17 cm

125 g Butter
220 g Zucker
2 verrührte Eier
1 TL Vanille-Extrakt
220 g Mehl
2 TL Backpulver
125 ml Milch

Orangenbuttercreme
110 g Zucker
80 ml Wasser
125 g Butter
2 TL Orangensaft
1 TL abgeriebene Orangenschale
130 g geraspelte Kokosnuß oder geröstete Kokosnußflocken, zum Verzieren

1. Backofen auf 180 °C vorheizen. Eine Springform (17 cm) mit Butter oder Öl einfetten. Den Boden mit Backpapier auslegen. Butter und Zucker in einer Schüssel mit dem Mixer locker-cremig schlagen. Nach und nach die Eier zufügen und jedesmal kräftig verschlagen. Vanille-Extrakt zugeben und unterschlagen. Die Masse in eine große Schüssel geben. Gesiebtes Mehl, Backpulver und Milch abwechselnd mit einem Metallöffel unterheben und rühren, bis die Zutaten vermengt sind und die Masse glatt ist. Den Teig in die vorbereitete Form geben und glattstreichen. 40–45 Min. oder solange backen, bis an einem Spieß, den man in der Mitte des Kuchens einsticht, keine Teigspuren mehr vorhanden sind. Den Kuchen 10 Min. in der Form stehenlassen, bevor er zum Abkühlen auf ein Kuchengitter gestürzt wird.

2. **Für die Orangencremebutter:** Zucker und Wasser in einem Topf unter Rühren langsam erhitzen, bis der Zucker sich aufgelöst hat. Aufkochen lassen und dann bei niedriger Hitze unbedeckt und ohne zu rühren 5 Min. köcheln lassen. Vom Herd nehmen und abkühlen lassen. Butter, Saft und Schale in einer Schüssel mit dem Mixer locker und cremig schlagen. Den abgekühlten Sirup in einem dünnen Strahl unter Rühren zugeben, bis die Masse glatt und locker ist. Den Kuchen ringsherum mit der Creme bestreichen und die Kokosnußraspeln vorsichtig an die Seiten und auf die Torte drücken oder die Torte mit den gerösteten Kokosnußflocken verzieren.

Lagerzeit: In einem luftdichten Behälter ist dieser Kuchen im Kühlschrank bis zu drei Tagen haltbar oder tiefgefroren und ohne Creme bis zu zwei Monaten.

Hinweis: Soll die Torte eine Buttercreme-Füllung bekommen, braucht man das Eineinhalbfache der Menge, die für die Orangenbuttercreme angegeben ist. Dafür muß der Kuchen vollständig abkühlen. Die Buttercreme wird wie beschrieben hergestellt. Der Kuchen wird mit einem Brotmesser waagerecht durchgeschnitten, und der untere Boden wird mit Buttercreme bestrichen. Dann wird der obere Boden aufgesetzt und mit Buttercreme bestrichen.

Das gesiebte Mehl und Backpulver abwechselnd mit der Milch unterheben.

Den abgekühlten Sirup in einem dünnen Strahl unter Rühren zufügen, bis die Masse glatt und locker ist.

Apfelbrotkuchen

Vorbereitungszeit:
25 Min.
Backzeit:
1 1/4 Std.

Ergibt ein Brot

125 g Butter
140 g brauner Zucker
1 verrührtes Ei
1 TL Vanille-Extrakt
1 mittelgroßer grüner, geraspelter Apfel
250 g Mehl
1 TL Backpulver
2 TL gemahlener Zimt
60 ml Milch
1 mittelgroßer grüner Apfel, extra
1/4 Becher Aprikosenmarmelade

1. Backofen auf 180 °C vorheizen. Eine Kastenform (21 x 14 x 7 cm) mit Öl oder Butter einfetten. Den Boden und die Seiten mit Backpapier auslegen. Butter und Zucker in einer Schüssel mit dem Mixer locker und cremig schlagen. Das geschlagene Ei nach und nach zugeben und jedesmal gründlich verschlagen. Vanille-Extrakt zufügen und verrühren.
2. Die Masse in eine große Schüssel geben. Geraspelten Apfel zufügen. Die gesiebten trockenen Zutaten abwechselnd mit der Milch mit einem Metallöffel unterheben und rühren, bis die Zutaten vermengt sind und die Masse glatt ist. Den Teig in die vorbereitete Form geben und glattstreichen.
3. Den anderen Apfel schälen, entkernen und in dünne Scheiben schneiden. Den Kuchen damit belegen. 70 Min. oder solange backen, bis an einem Spieß, den man in der Mitte des Kuchens einsticht, keine Teigspuren mehr vorhanden sind. 5 Min. in der Form stehenlassen, dann den Kuchen am Papier aus der Form heben und zum Abkühlen auf ein Kuchengitter stellen. Die erhitzte Aprikosenmarmelade durch ein Sieb auf den Kuchen streichen.

Lagerzeit: In einem luftdicht schließenden Behälter bis zu zwei Tagen haltbar. Zum Tiefgefrieren nicht geeignet.

Sultaninenkuchen

Vorbereitungszeit:
20 Min.
Backzeit:
1 1/4 – 1 1/2 Std.

Ergibt einen Kuchen von 20 cm

250 g Butter
220 g Zucker
3 verrührte Eier
2 TL abgeriebene Zitronenschale
1 TL Vanille-Extrakt
340 g Sultaninen
375 g Mehl
1 1/2 TL Backpulver
170 ml Buttermilch

1. Backofen auf 160 °C vorheizen. Den Boden und die Seiten einer viereckigen Backform (20 cm) mit Backpapier auslegen.
2. Butter und Zucker in einer Schüssel mit dem Mixer locker und cremig schlagen. Nach und nach die Eier zufügen und jedesmal gründlich verschlagen. Zitronenschale und Vanille-Extrakt zugeben und verrühren. Die Masse in eine große Schüssel geben.
3. Sultaninen, gesiebtes Mehl

Apfelbrotkuchen (oben) und Sultaninenkuchen

und Backpulver abwechselnd mit der Milch mit einem Metallöffel unterheben und rühren bis die Zutaten vermengt sind und die Masse glatt ist. Den Teig in die vorbereitete Form geben und glattstreichen. 1 1/4 – 1 1/2 Std. oder solange backen, bis an einem Spieß, den man in der Mitte des Kuchens einsticht, keine Teigspuren mehr vorhanden sind. Den Kuchen 20 Min. in der Form stehenlassen, bevor er auf ein Kuchengitter gestürzt wird. Nach Wunsch in Scheiben geschnitten und mit Butter bestrichen servieren.

Lagerzeit: Am besten schmeckt der Kuchen, wenn er innerhalb einer Woche gegessen wird. In einem luftdichten Behälter aufbewahren.

Bienenstich-Torte

Vorbereitungszeit:
40 Min. + 1 Std. Wartezeit
Backzeit:
45 Min.

Ergibt eine Torte von 20 cm Durchmesser

7 g getrocknete Hefe (Tüte)
40 g weiche Butter
190 ml warmes Wasser
60 g Zucker
1 Prise Salz
250 g Mehl

Belag
60 g Butter
110 g Zucker
1 EL Honig
60 g gehobelte Mandeln

Vanille-Creme
2 EL Vanillesoßenpulver
2 EL Zucker
125 ml Milch
125 ml steife Schlagsahne
75 g saure Sahne
2 TL Vanille-Extrakt

1. Eine Springform mit Öl oder Butter einfetten. Den Boden und die Seiten mit Backpapier auslegen. Hefe, Butter, Wasser, Zucker, Salz und 190 g Mehl in einer großen Schüssel verrühren, bis die Masse glatt und klumpenfrei ist. Mit Küchenfolie bedecken und an einem warmen Ort 10 – 15 Min. stehenlassen. Das restliche Mehl zufügen und umrühren, bis die Zutaten gerade vermengt sind. Die Masse auf eine mit Mehl bestreute Arbeitsplatte geben und 2–3 Min. kneten oder bis sie glatt ist. Den Teig in eine große, leicht gefettete Schüssel geben, mit Küchenfolie abdecken und an einem warmen Ort 20 Min. stehenlassen. **Für den Belag:** Butter, Zucker und Honig in einen Topf geben und unter Rühren langsam erhitzen, bis die Butter geschmolzen ist und der Zucker sich aufgelöst hat. Aufkochen lassen und dann bei niedriger Hitze 2 – 3 Min. köcheln lassen. Vom Herd nehmen, die Mandeln hineinrühren und abkühlen lassen. Den Teig auf eine mit Mehl bestreute Arbeitsplatte geben und 2 Min. kneten, bis der Teig glatt ist. Den Teig zu einer runden Platte von 20 cm Durchmesser ausrollen und in die Form legen. Den Belag vorsichtig auf dem Teig verteilen, ohne diesen zu ziehen. Mit Küchenfolie abdekken und an einem warmen Ort 20 – 25 Min. stehenlassen, bis der Teig fast bis zum Rand der Form aufgegangen ist. Im vorgeheizten Backofen bei 180 °C 35 – 45 Min. backen, solange bis an einem Spieß, den man in der Mitte des Kuchens einsticht, keine Teigspuren mehr vorhanden sind und der Kuchen goldbraun ist. 10 Min. in der Form stehenlassen, bevor der Kuchen zum Abkühlen auf ein Kuchengitter gestürzt wird. Mit der Oberseite nach oben stellen. **Für die Vanille-Creme:** Vanillesaucenpulver und Zucker in einem mittelgroßen Topf verrühren. Nach und nach die Milch zufügen und rühren, bis die Masse glatt ist. Unter Rühren bei mittlerer Hitze erwärmen, bis die Masse kocht und dick wird. Vom Herd nehmen und in eine mittelgroße Schüssel geben. Mit Küchenfolie abdecken, damit sich keine Haut bildet. Vollständig abkühlen lassen.

2. Den Kuchen waagerecht durchschneiden. Den unteren Boden auf einen Kuchenteller legen. Die Vanillecreme mit dem Mixer 1 Min. schlagen. Geschlagene Sahne, saure Sahne und Vanille-Extrakt zugeben und schlagen, bis die Masse glatt und cremig ist. Die Füllung auf den unteren Boden streichen und den oberen Boden aufsetzen.

Hinweis: Nach drei Viertel der Backzeit kann der Kuchen leicht einsinken. Das ist normal - durch die Mandelmischung können sich kleine, schwere Kuhlen in der Oberfläche bilden. Wenn das passiert, entfernt man mit einem Teelöffel vorsichtig die überschüssige Masse und fährt mit dem Backen fort.

Den Belag vorsichtig auf dem Teig verteilen, ohne diesen zu ziehen.

Sahne und Vanille-Extrakt zur Vanillemischung geben und glatt und cremig schlagen.

Sacher-Torte

Vorbereitungszeit:
40 Min.
Backzeit:
40 Min.

Ergibt eine Torte von 20 cm Durchmesser

125 g Butter
110 g Zucker
4 Eier, getrennt
125 g dunkle Blockschokolade, geschmolzen und abgekühlt
90 g Mehl
2 EL Aprikosenmarmelade
Schokoladenglasur
150 g gehackte dunkle Blockschokolade
60 ml Schlagsahne

1. Backofen auf 180 °C vorheizen. Eine Springform mit Öl oder Butter einfetten. Den Boden und die Seiten mit Backpapier auslegen. Butter und Zucker mit den Mixer locker und cremig schlagen. Eigelb nach und nach zufügen und jedesmal gründlich verschlagen.
2. Schokolade zugeben und unterrühren. Die Masse in eine mittelgroße Schüssel geben. Gesiebtes Mehl mit einem Metallöffel unterheben. Eiweiß in einer kleinen, sauberen, trockenen Schüssel mit dem Mixer steifschlagen und mit einem Metallöffel unter die Schokoladenmischung heben.
3. Den Teig in die vorbereitete Form geben und glattstreichen. 40 Min. backen, bis an einem Spieß, den man in der Mitte des Kuchens einsticht, keine Teigspuren mehr vorhanden sind. Den Kuchen 15 Min. in der Form stehenlassen, bevor er zum Abkühlen auf ein Kuchengitter gestürzt wird. Die Marmelade in einem Topf oder in der Mikrowelle erhitzen, bis sie flüssig ist, anschließend durch ein kleines Sieb streichen. Den Kuchen auf dem Kuchengitter mit der Unterseite nach oben drehen und mit Marmelade bestreichen.
4. **Für die Schokoladenglasur:** Schokolade und Schlagsahne in einem kleinen Topf unter Rühren langsam erhitzen, bis die Schokolade geschmolzen und die Masse glatt ist. Vom Herd nehmen und etwas abkühlen lassen. Die Glasur gleichmäßig über die Torte gießen und etwa 2 EL aufbewahren. Die zurückbehaltene Schokoladenglasur in einen Spritzbeutel geben und die Torte mit dem Schriftzug “Sacher” verzieren. Fest werden lassen.

Lagerzeit: In einem luftdicht schließenden Behälter ist diese Torte bis zu einer Woche haltbar.

Tip: Die Schokoladenglasur kann auch mit weniger Schokolade und mehr Schlagsahne hergestellt und als leichte, köstliche Füllung für Kuchen verwendet werden.

Eigelb nach und nach zu der Butter- und Zuckermischung geben.

Das Eiweiß unter die Schokoladenmischung heben.

Den abgekühlten Kuchen gleichmäßig mit warmer Marmelade bestreichen.

Schokoladenglasur gleichmäßig auf den Kuchen gießen und etwa 2 EL zum Verzieren aufbewahren.

Bananentorte

Vorbereitungszeit:
20 Min.
Backzeit:
70 Min.

Ergibt eine Torte von 20 cm Durchmesser

125 g Butter
110 g Zucker
2 verrührte Eier
1 TL Vanille-Extrakt
1 ½ Becher zerdrückte reife Bananen (etwa 4 mittelgroße Bananen)
1 TL Natron
125 ml Milch
250 g Mehl
2 TL Backpulver

Buttercremeglasur
125 g Butter
140 g Puderzucker
1 EL Zitronensaft
25 g geröstete Kokosnußflocken

1. Backofen auf 180 °C vorheizen. Eine Springform (20 cm) mit Öl oder Butter einfetten und den Boden mit Backpapier auslegen. Butter und Zucker in einer Schüssel mit dem Mixer locker-cremig schlagen. Eier nach und nach zufügen und jedesmal gründlich verschlagen. Vanille-Extrakt und zerdrückte Bananen unterschlagen.

2. Die Masse in eine große Schüssel geben. Natron in Milch auflösen. Gesiebtes Mehl und Backpulver abwechselnd mit der Milch mit einem Metallöffel unterheben. Rühren, bis alle Zutaten gerade vermengt sind und die Masse glatt ist. Den Teig in die vorbereitete Form geben und glattstreichen. 1 Std. oder solange backen, bis an einem Spieß, den man in der Mitte des Kuchens einsticht, keine Teigspuren mehr vorhanden sind.
3. Den Kuchen 10 Min. in der Form stehenlassen, bevor er auf ein Kuchengitter gestürzt wird.

4. **Für die Glasur:** Butter, Puderzucker und Zitronensaft mit dem Mixer schlagen, bis die Masse glatt und cremig ist. Auf den abgekühlten Kuchen streichen und mit gerösteten Kokosflocken verzieren.
Lagerzeit: In einem luftdicht schließenden Behälter eine Woche und tiefgefroren und ohne Glasur einen Monat haltbar.

Tip: Sehr reife Bananen sind für dieses Rezept am besten geeignet, da sie am meisten Geschmack haben. Nach Wunsch kann der Kuchen auch mit ungerösteten Kokosflocken verziert werden.

Vanille-Extrakt und zerdrückte Bananen zu der Butter- und Zuckermischung geben.

Gesiebtes Mehl abwechselnd mit der Milch mit einem Metallöffel unterheben.

Den Kuchen nach dem Backen aus dem Ofen nehmen und auf ein Kuchengitter stürzen.

Butter, Puderzucker und Zitronensaft schlagen, bis die Masse glatt und cremig ist.

Battenberg-Kuchen

Vorbereitungszeit:
40 Min.
Backzeit:
20 Min.

Ergibt einen Kuchen von 20 cm Länge

150 g Butter
170 g Zucker
3 verrührte Eier
1 TL Vanille-Extrakt
60 g gemahlene Mandeln
220 g Mehl
2 TL Backpulver
Rote Lebensmittelfarbe
400 g Marzipanmasse
1/2 Becher Aprikosenmarmelade
2 EL Brandy

1. Backofen auf 180 °C vorheizen. Eine flache Kuchenform (30 x 25 x 2 cm) mit Öl oder Butter einfetten. Den Boden und die Seiten mit Backpapier auslegen. Einen Streifen Folie aufrecht in die Mitte der Form stellen, so daß sie in zwei Teile geteilt wird. Butter und Zucker in einer Schüssel mit dem Mixer locker und cremig schlagen. Eier nach und nach zufügen und jedesmal gründlich verschlagen. Vanille-Extrakt zugeben und verrühren. Die Masse in eine große Schüssel geben. Mandeln, gesiebtes Mehl und Backpulver mit einem Metallöffel unterheben und rühren, bis die Zutaten vermengt sind und die Masse glatt ist. Die Hälfte des Teigs in die eine Hälfte der Form geben und glattstreichen. Ein paar Tropfen rote Lebensmittelfarbe in den restlichen Teig geben und gut verrühren. Den rosafarbenen Teig in die andere Hälfte der Form geben und glattstreichen. 20 Min. backen, bis an einem Spieß, den man in der Mitte des Kuchens einsticht, keine Teigspuren mehr vorhanden sind. Den Kuchen 10 Min. in der Form stehenlassen, dann zum Abkühlen auf ein Kuchengitter stürzen.

2. Bevor der Kuchen zusammengesetzt wird, schneidet man die weiße Hälfte in drei gleichgroße Streifen und macht dasselbe mit der rosafarbenen Hälfte. Enden werden mit dem Messer begradigt.

Das Marzipan wird zwischen zwei Lagen Backpapier zu einer rechteckigen Form ausgerollt, die die Länge des Kuchens und die vierfache Breite des Streifens besitzt. Dann legt man einen Kuchenstreifen auf das Marzipan. Aprikosenmarmelade und Brandy in einem Topf langsam erhitzen und den Kuchenstreifen damit bestreichen. Einen andersfarbigen Kuchenstreifen daneben legen und ebenfalls mit der Marmeladenmischung bestreichen. Dann die anderen Kuchenstreifen im Schachbrettmuster darauf legen und zwischendurch immer mit Marmeladenmischung bestreichen. Das Marzipan an den Seiten ringsherum um den Kuchen wikkeln und die Enden offenlassen. Das Marzipan am oberen Rand so zusammendrücken, daß ein gekräuselter Rand entsteht. Mit einem scharfen Messer ein Muster auf den Kuchen ritzen.

Lagerzeit: Dieser Kuchen sollte am besten innerhalb einer Woche verzehrt werden. In Folie verpackt, im Kühlschrank aufbewahren. Ohne den Marzipanbelag läßt sich der Kuchen im Tiefkühlschrank bis zu zwei Monaten aufbewahren.

Hinweis: Manche behaupten, dieser Kuchen sei das erste Mal für die Hochzeit von Prinz Henry von Battenberg gebacken worden, andere meinen, der Kuchen sei nur nach einem preußischen Dorf dieses Namens benannt worden.

Die beiden Teigmischungen in der Form glattstreichen.

Die Kuchenstreifen mit warmer Aprikosenmarmelade und Brandy bestreichen.

Amerikanischer Früchtekuchen

Vorbereitungszeit:
30 Min. + 1 Std.
Backzeit:
1 1/2 Std.

Ergibt einen Ringkuchen von 20 cm Durchmesser

185 g kandierte, Kirschen	**60 g Mehl**
90 g gehackte kandierte Aprikosen	**½ TL Backpulver**
50 g gehackte, kandierte Ananas	**60 g geschmolzene Butter**
50 g gehackter, kandierter Ingwer	**1 Ei**
125 g Paranüsse	**2 EL brauner Zucker**
125 g Walnüsse	**¼ Becher Aprikosenmarmelade**
2 EL Grand Marnier	**1 TL Grand Marnier, extra**

1. Eine Ringform (20 cm) mit Öl oder Butter einfetten. Den Boden und die Seiten mit Backpapier auslegen. Die kandierten Früchte und Nüsse in eine große Schüssel geben. Mit Grand Marnier beträufeln und verrühren. 1 Std. stehenlassen und gelegentlich umrühren.
2. Gesiebtes Mehl und Backpulver zugeben. Butter, Eier und Zucker verschlagen, zu der Frucht- und Nußmischung geben und rühren, bis alle Zutaten vermengt sind.
3. Den Teig in die vorbereitete Form geben und mit nassen Händen glattstreichen. Im vorgeheizten Backofen bei 160 °C 1 ½ Std. backen oder bis der Kuchen druckfest ist. 30 Min. in der Form stehenlassen, bevor er zum Abkühlen auf ein Kuchengitter gestürzt wird.
4. Die Marmelade in einem Topf oder in der Mikrowelle erhitzen, bis sie flüssig ist. Durch ein Sieb streichen und Grand Marnier unterrühren. Den Kuchen ringsherum bestreichen, solange die Marmeladenmischung noch warm ist.

Lagerzeit: In einem luftdicht schließenden Behälter ist dieser Kuchen im Kühlschrank bis zu drei Monaten haltbar.

Variante: Nach Wunsch können auch andere Früchte wie kandierte Pfirsiche oder Nüsse wie Pecannüsse oder Haselnüsse verwendet werden. In dünnen Scheiben servieren.

Hinweis: In Geschenkpapier verpackt und mit einer Schleife verziert, ist dieser Kuchen ein attraktives selbstgemachtes Weihnachtsgeschenk.

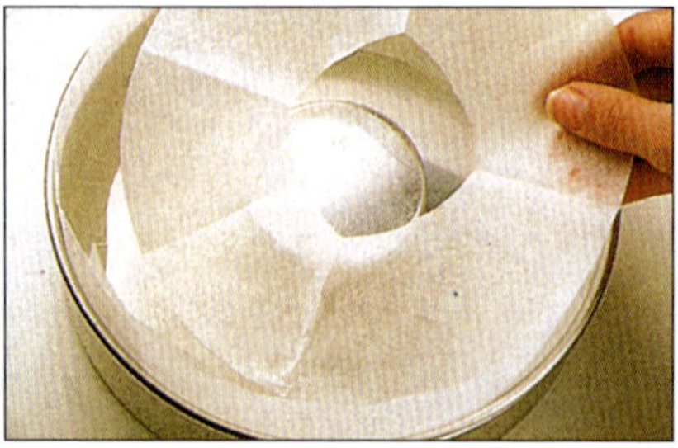

Den Boden und die Seiten der eingefetteten Ringform mit Backpapier auslegen.

Gesiebtes Mehl und Backpulver in die Früchtemischung geben.

Den Teig in der Form mit nassen Händen glattstreichen.

Den Kuchen ringsherum mit der Mischung aus Marmelade und Grand Marnier bestreichen.

Englischer Früchtekuchen

Vorbereitungszeit:
1 Std.
Backzeit:
3 1/2 Std.

Ergibt einen viereckigen Kuchen von 23 cm

1 kg gemischte Trockenfrüchte
140 g gehackte Feigen
185 g gehackte Datteln
185 g gehackte, kandierte Kirschen
1 Becher gemischte Fruchtschalen
160 ml Rum
375 g Butter
300 g brauner Zucker
6 verrührte Eier
$^{1}/_{2}$ Becher Marmelade
375 g Mehl
1 TL Backpulver
3 TL Gewürzmischung

Zuckerpaste
1 kg Puderzucker
1 EL Gelatine
60 ml Wasser
125 ml flüssiger Traubenzucker
1 EL Glyzerin
185 g Puderzucker
750 g Marzipan
$^{1}/_{2}$ Becher Aprikosenmarmelade
2 Eiweiß, leicht geschlagen

1. Backofen auf 150 °C vorheizen. Eine viereckige Backform (23 cm) mit Öl oder Butter einfetten. Den Boden und die Seiten mit Backpapier auslegen. Alle Früchte in eine große Schüssel geben, Rum zufügen und gründlich verrühren. Butter und Zucker in einer Schüssel locker und cremig schlagen. Nach und nach die Eier zugeben und jedesmal gründlich verschlagen. Marmelade zugeben und unterschlagen. Die Buttermischung zu den Früchten geben und verrühren. Gesiebtes Mehl, Backpulver und Gewürzmischung mit einem Metallöffel unterheben und rühren, bis alle Zutaten vermengt sind. Den Teig in die vorbereitete Form geben, mit kaltem Wasser besprenkeln und mit nassen Händen glattstreichen. Die Form sanft auf einem Brett aufklopfen, damit sich der Teig setzt. Zwei Streifen Packpapier um die Form binden und mit einer Büroklammer befestigen. 3 $^{1}/_{2}$ Std. backen, bis an einem Spieß, den man in der Mitte des Kuchens einsticht, keine Teigspuren mehr vorhanden sind. Den Kuchen in der Form vollständig auskühlen lassen, bevor er gestürzt wird.

2. **Für die Zuckerpaste:** Puderzucker in eine große Schüssel sieben. Gelatine mit kaltem Wasser in einem Topf verrühren. Traubenzucker zufügen und langsam erhitzen, bis sich die Gelatine aufgelöst hat. Vom Herd nehmen und Glyzerin unterrühren. 1 Minute abkühlen lassen. In der Mitte des Puderzuckers eine Mulde bilden und die Gelatinemischung hineinschütten. Mit einem Holzlöffel gründlich verrühren. Dann mit den Händen kneten, bis ein fester Teig entsteht. Die Masse auf eine mit Puderzucker bestäubte Arbeitsplatte geben und kräftig kneten, bis die Masse glatt und elastisch ist und wie Plastik aussieht. Die Masse fest in Folie einwickeln, bis sie gebraucht wird. Nicht in den Kühlschrank stellen. Vor dem Verzieren den Kuchen mit der Unterseite nach oben auf eine Platte oder ein beschichtetes Brett legen und alle kleinen Löcher mit Marzipanstückchen zukleben. Die Marmelade erhitzen, sieben und gleichmäßig auf den Kuchen streichen. Das Marzipan mit den Händen kneten, bis es elastisch ist, dann auf eine mit Puderzucker bestäubte Arbeitsplatte legen und 5 mm dick ausrollen. Mit der Rolle auf den Kuchen heben, den Kuchen ringsherum bedecken, die Masse andrücken und passend zurechtschneiden. Die Ecken zusammendrücken. Mit Eiweiß bestreichen. Die Zuckerpaste auf einer mit Puderzucker bestäubten Arbeitsplatte 7 mm dick ausrollen - möglichst auf die

Größe des Kuchens. Mit der Rolle auf den Kuchen heben und an den Seiten andrücken. Die Hände mit Puderzucker bestäuben und den Zuckerbelag ringsherum ganz glattstreichen. Überschüssige Paste am unteren Rand mit einem scharfen Messer abschneiden. Nach Wunsch verzieren.

Lagerzeit: Dieser Kuchen ist sehr haltbar. In Folie verpackt hält er sich im Kühlschrank bis zu drei Monaten.

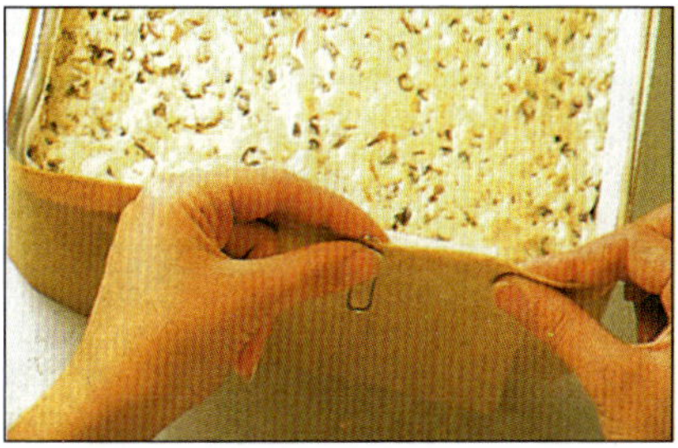

Packpapier um die Form binden und mit einer Büroklammer befestigen.

Die Glasurmischung mit den Händen kneten, bis eine glatte, teigähnliche Masse entsteht.

Orangen-Mohn-Torte

Vorbereitungszeit:
40 Min.
Backzeit:
1 Std.

Ergibt eine Torte von 20 cm Durchmesser

1/2 Becher Mohn
160 ml Orangensaft
185 g Butter
110 g Zucker
2 verrührte Eier
3 TL abgeriebene Orangenschale
190 g Mehl
1/2 TL Backpulver

Buttercreme
150 g Zucker
80 ml Orangensaft
feingeraspelte Orangenschale
150 g Butter

1. Backofen auf 180 °C vorheizen. Eine Springform mit Butter oder Öl einfetten und den Boden mit Backpapier auslegen. Mohn und Orangensaft in einer Schüssel verrühren. Butter und Zucker in einer Schüssel mit dem Mixer locker und cremig schlagen. Eier nach und nach zugeben und jedesmal gründlich verschlagen. Orangenschale zufügen und unterrühren.
2. Die Masse in eine große Schüssel geben. Gesiebtes Mehl und Backpulver abwechselnd mit der Mohnmischung mit einem Metallöffel unterheben und rühren, bis alle Zutaten vermengt sind und die Masse fast glatt ist. Den Teig in die vorbereitete Form geben und glattstreichen. 45 Min. backen, bis an einem Spieß, den man in der Mitte des Kuchens einsticht, keine Teigspuren mehr vorhanden sind. 10 Min. in der Form stehenlassen, bevor der Kuchen zum Abkühlen auf ein Kuchengitter gestürzt wird.
3. **Für die Buttercreme:** Zucker und Orangensaft in einen Topf geben und langsam erhitzen, bis der Zucker sich aufgelöst hat. Geraspelte Schale zufügen, aufkochen lassen und ohne zu rühren 5 Min. köcheln lassen. Vom Herd nehmen und etwas abkühlen lassen. Die Schalen mit einer Zange aus dem Sirup nehmen und trocknen lassen. Den Sirup vollständig abkühlen lassen. Die Butter in einer Schüssel mit dem Mixer locker und cremig schlagen. Den Sirup unter Rühren zugeben, bis die Masse glatt und locker ist.
4. Den Kuchen waagerecht durchschneiden. Die Hälfte der Buttercreme auf den unteren Boden streichen, den oberen Boden aufsetzen und mit der restlichen Buttercreme bestreichen. Mit der Orangenschale verzieren.

Mohn und Orangensaft in einer Schüssel verrühren.

Den Teig in die vorbereitete Form geben und glattstreichen.

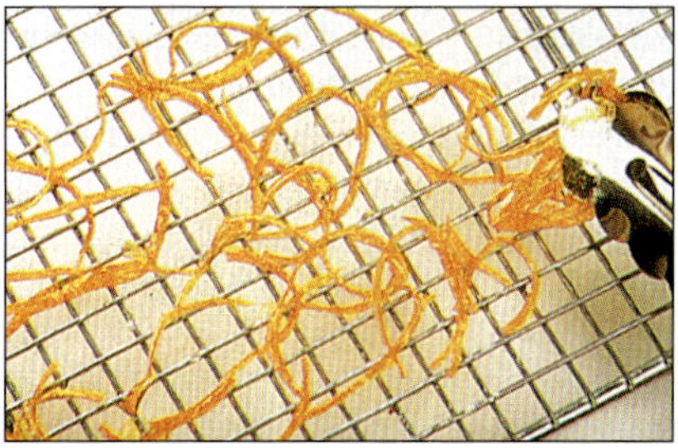

Orangenschale mit einer Zange aus dem Sirup nehmen. Auf einem Kuchengitter trocknen.

Kuchen waagerecht durchschneiden. Eine Teigplatte mit Hälfte der Buttercreme bestreichen.

Umgedrehter Ananaskuchen

Vorbereitungszeit:
20 Min.
Backzeit:
40 Min.

Ergibt einen Ringkuchen von 20 cm Durchmesser

20 g geschmolzene Butter	**110 g Zucker**
2 EL brauner Zucker	**2 verrührte Eier**
440 g Ananasscheiben, aus der Dose	**1 TL Vanille-Extrakt**
90 g Butter	**125 g Mehl**
	1 TL Backpulver

1. Backofen auf 180 °C vorheizen. Eine Ringform (20 cm) mit Butter oder Öl einfetten. Die geschmolzene Butter in die Form gießen und die Form drehen, bis der Boden gleichmäßig bedeckt ist. Braunen Zucker auf die Butter streuen. Die Ananas abtropfen lassen und vom Saft 80 ml aufheben. Die Ananasscheiben halbieren und auf den braunen Zucker legen.
2. Butter und Zucker in einer Schüssel mit dem Mixer locker und cremig schlagen. Eier nach und nach zugeben und jedesmal gründlich verschlagen. Vanille-Extrakt zugeben und unterschlagen.
3. Die Masse in eine große Schüssel geben. Mehl und Backpulver abwechselnd mit dem Saft mit einem Metallöffel unterheben.
4. Den Teig gleichmäßig auf den Ananasscheiben verteilen und glattstreichen. 35–40 Min. backen oder bis an einem Spieß, den man in der Mitte des Kuchens einsticht, keine Teigspuren mehr vorhanden sind. 10 Min. in der Form stehenlassen, bevor der Kuchen zum Abkühlen auf ein Kuchengitter gestürzt wird.

Biskuitrolle

Vorbereitungszeit:
30 Min.
Backzeit:
12 Min.

Ergibt eine Rolle

180 g Mehl	**2 EL Zucker, extra**
1½ TL Backpulver	**½ Becher Erdbeermarmelade**
3 Eier	**125 ml Schlagsahne**
110 g Zucker	

1. Backofen auf 210 °C vorheizen. Eine Backform (30 x 25 x 2 cm) mit Butter oder Öl einfetten. Den Boden mit Backpapier auslegen, so daß es an den Seiten über den Rand lappt. Mehl und Stärke dreimal auf ein fettfreies Blatt Papier sieben. Die Eier in einer großen Schüssel mit dem Mixer 5 Min. schlagen, bis sie dick, schaumig und hell sind.
2. Den Zucker unter Rühren nach und nach zugeben, bis er sich vollständig aufgelöst hat und die Masse hell und glänzend ist. Die Mehlmischung mit einem Metallöffel schnell und locker unterheben.
3. Den Teig in die vorbereitete Form geben und glattstreichen. 12 Min. backen, bis der Teig goldbraun und bei leichtem Fingerdruck elastisch ist. Den Kuchen auf ein trockenes, sauberes Geschirrtuch, das mit fettfreiem Backpapier bedeckt und mit Zucker bestreut ist, stürzen und 1 Min. ruhen lassen. Mit Hilfe des Geschirrtuchs den Kuchen vorsichtig von der kürzeren Seite aus in das Backpapier einrollen und 5 Min. stehen-

Umgedrehter Ananaskuchen (oben) und Biskuitrolle

lassen, bis er abgekühlt ist.
4. Den Kuchen aufrollen und das Papier entfernen. Mit Marmelade und steifgeschlagener Sahne bestreichen und wieder aufrollen. Die Enden mit einem Messer begradigen und in Scheiben geschnitten servieren.

Simnel Cake

Vorbereitungszeit:
40 Min.
Backzeit:
1 3/4 - 2 Std.

Ergibt eine Torte von 17 cm Durchmesser

500 g Marzipanmasse
185 g Butter
200 g brauner Zucker
1 TL abgeriebene Zitronenschale
4 verrührte Eier
160 g Weizenmehl
95 g Vollkornmehl
2 TL Backpulver
170 g Sultaninen
90 g halbierte, kandierte Kirschen
230 g Korinthen
2 EL Aprikosenmarmelade

1. Backofen auf 160 °C vorheizen. Eine Springform (17 cm) mit Öl oder Butter einfetten. Den Boden und die Seiten mit Backpapier auslegen. 300 g der Marzipanmasse zwischen zwei Blättern Backpapier ausrollen. Mit Hilfe eines Tellers einen Kreis von 20 cm Durchmesser ausschneiden, abdecken und beiseite stellen. Dasselbe mit der restlichen Marzipanmasse wiederholen.
2. Butter, Zucker und Zitronenschale in einer Schüssel mit dem Mixer locker und cremig schlagen. Eier nach und nach zugeben und jedesmal gründlich verschlagen. Zwei Eßlöffel des gesiebten Mehls und Backpulvers zufügen, damit die Masse nicht gerinnt, und unterschlagen. Die Masse in eine große Schüssel geben und das Mehl einschließlich der Kleie mit einem Metallöffel unterheben. Die Trockenfrüchte zufügen und rühren, bis die Zutaten vermengt sind und die Masse glatt ist. Die Hälfte des Teigs in die vorbereitete Form geben, eine Marzipanplatte (200 g) darauflegen und festdrücken. Den restlichen Teig daraufgeben und glattstreichen. 1 Std. backen. Dann die Temperatur auf 150 °C reduzieren und weitere 45–60 Min. backen, bis an einem Spieß, den man in der Mitte des Kuchens einsticht, keine Teigspuren mehr vorhanden sind. Aus dem Ofen nehmen und abkühlen lassen.
4. Die Oberfläche des Kuchens mit Aprikosenmarmelade bestreichen. Die zweite Marzipanplatte darauflegen und den Rand zur Verzierung eindrücken. Den Kuchen unter den Grill schieben, bis das Marzipan hellbraun ist, und dann vollständig abkühlen lassen. Mit Puderzucker bestäuben und nach Wunsch mit bunten Marzipan-Eiern verzieren. Eine breite Bordüre um den Kuchen binden.

Lagerzeit: Da dieser Kuchen keinen Alkohol enthält und mit Marzipan verziert ist, sollte er innerhalb von vier Wochen verzehrt werden. Bei feuchtem Wetter in einem luftdicht schließenden Behälter im Kühlschrank aufbewahren.

Hinweis: Dieser englische Früchtekuchen wurde traditionellerweise zu Ostern gegessen oder auch zum Muttertag serviert, der in die Fastenzeit fällt. Manchmal wurde der Kuchen mit zwölf kleinen Kugeln verziert, die aus dem restlichen Marzipan geformt wurden und die zwölf Apostel repräsentierten.
Oft wird auch ein kleiner Osterhase auf die Marzipan-Eier gesetzt.

Den restlichen Teig auf die Marzipanplatte geben.

Aprikosenmarmelade auf den abgekühlten Kuchen streichen.

Butterkuchen

Vorbereitungszeit:
20 Min.
Backzeit:
45 Min.

Ergibt eine Torte von 20 cm Durchmesser

125 g Butter
170 g Zucker
2 verrührte Eier
1 TL Vanille-Extrakt
250 g Mehl
2 TL Backpulver
125 ml Milch

Buttercreme
60 g Butter
60 g Puderzucker
1 TL Vanille-Extrakt

1. Backofen auf 180 °C vorheizen. Eine Springform (20 cm) mit Öl oder Butter einfetten und den Boden mit Backpapier auslegen. Butter und Zucker in einer Schüssel mit dem Mixer locker und cremig schlagen. Eier nach und nach zugeben und jedesmal gründlich verschlagen. Vanille-Extrakt zufügen und unterschlagen.
2. Die Masse in eine große Schüssel geben. Gesiebtes Mehl und Backpulver abwechselnd mit der Milch mit einem Metallöffel unterheben und rühren, bis alle Zutaten vermengt sind und die Masse glatt ist.
3. Den Teig in die vorbereitete Form geben und glattstreichen. 45 Min. backen, bis an einem Spieß, den man in der Mitte des Kuchens einsticht, keine Teigspuren mehr vorhanden sind. 10 Min. in der Form stehenlassen und zum Abkühlen auf ein Kuchengitter stürzen.
4. **Für die Buttercreme:** Butter und gesiebten Puderzucker mit dem Mixer locker und cremig schlagen. Vanille-Extrakt zufügen und weitere 2 Min. schlagen oder bis die Masse glatt und locker ist. Die Buttercreme mit einem breiten Messer auf den Kuchen streichen und nach Wunsch mit gehackten Mandeln oder anderen Nüssen verzieren.

Lagerzeit: Mit Buttercreme verziert ist der Kuchen in einem luftdicht schließenden Behälter im Kühlschrank zwei Tage haltbar. Ohne Buttercreme kann der Kuchen fest eingewickelt in Folie bis zu einem Monat im Tiefkühlschrank aufbewahrt werden.

Eier nach und nach zu der Butter- und Zuckermischung geben und verschlagen.

Mehl und Milch unterheben und rühren, bis der Teig fast glatt ist.

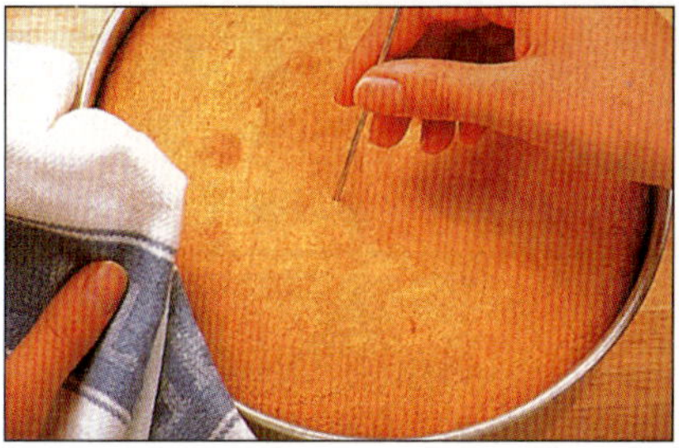

Backen, bis an dem Spieß keine Teigspuren mehr vorhanden sind.

Butter und Puderzucker mit dem Mixer schlagen.

Butterkuchen-Varianten

Minikuchen

Butterkuchenteig bis Schritt 2 des Rezeptes herstellen. 36 Papierförmchen auf ein Backblech stellen und mit einem gestrichenen Eßlöffel Teig füllen. 10–15 Min. backen oder bis die Kuchen goldbraun sind. Auf einem Kuchengitter abkühlen lassen. Ergibt 36 Stück.

Glasierte Butterkuchen

Wenn die Minikuchen fertig sind, die Glasur herstellen: 140 g Puderzucker, 2 TL Butter und 3 TL kochendes Wasser in einer hitzebeständigen Schüssel zu einer festen Paste verrühren und dann im siedenden Wasserbad rühren, bis sie glatt und glänzend ist. Vom Herd nehmen, etwas Lebensmittelfarbe zugeben und gleichmäßig auf die Kuchen streichen. Mit bunten Streuseln oder Liebesperlen verzieren oder unverziert lassen. Die Glasur trocknen lassen. Ergibt 36 Stück.

Schmetterlingskuchen

Wenn die Minikuchen fertig sind, jeweils einen 1–2 cm dicken Deckel abschneiden, damit sie gefüllt werden können. Die Deckel halbieren, um daraus Flügel zu machen. 1/2 TL Himbeer- oder Aprikosenmarmelade auf jeden Kuchen geben und mit einem Teelöffel Schlagsahne bestreichen. Die Flügel aufsetzen. Mit Schlagsahne und Marmelade verzieren und mit gesiebtem Puderzucker bestäuben. Ergibt 36 Stück.

Marmorkuchen

Den Butterkuchenteig in 2 Portionen teilen. 3–4 Tropfen rote Lebensmittelfarbe in eine Portion geben und verrühren. 1 EL Kakao und 2 TL Milch in die zweite Portion geben und verrühren. Die beiden Teigmischungen abwechselnd mit einem Löffel in eine

Springform (20 cm) füllen und mit einem Spieß verrühren. 40 – 45 Min. backen, bis an einem Spieß, den man in der Mitte des Kuchens einsticht, keine Teigspuren mehr vorhanden sind. Den Kuchen 10 Min. in der Form stehenlassen und auf ein Kuchengitter stürzen. Nach Wunsch mit Buttercreme- oder Schokoladenglasur verzieren. Oder den Kuchen mit Kakao und gesiebtem Puderzucker bestäuben.

Orangenkuchen

Eine Backform (20 x 30 cm) mit Öl oder Butter einfetten. Den Boden und die Seiten mit Backpapier auslegen. Den Butterkuchenteig bis Schritt 1 des Rezeptes herstellen. Ein zusätzliches Ei und 1/3 Becher Orangenmarmelade zufügen und nach Rezept, wie in Schritt 2 beschrieben, fortfahren. Den Teig in die vorbereitete Form geben und glattstreichen. Bei 180 °C 25–30 Min. backen, bis an einem Spieß, den man in der Mitte des Kuchens einsticht, keine Teigspuren mehr vorhanden sind. Den Kuchen 10 Min. in der Form stehenlassen und zum Abkühlen auf ein Kuchengitter stürzen. Eine Glasur wie für die glasierten Minikuchen herstellen, aber anstelle von Wasser Zitronen- oder Orangensaft nehmen. 2 Teelöffel abgeriebene Zitronen- oder Limettenschale zufügen und rühren, bis die Glasur glatt ist. Gleichmäßig auf den Kuchen streichen, nach Wunsch verzieren und trocknen lassen. In Vierecke oder Dreiecke schneiden.

Von links nach rechts: Glasierte Butterkuchen, Schmetterlingskuchen, Marmorkuchen und Orangenkuchen.

Register